AF463134

LE MAITRE
ET
LE SERVITEUR
OU
LES DEVOIRS RECIPROQUES D'UN SOUVERAIN ET DE SON MINISTERE

crayonnés avec une liberté patriotique

par

Mr. FREDERIC CHARLES DE MOSER

&

traduits de l'original allemand

par

le Colonel Chevalier DE CHAMPIGNY.

HAMBOURG

Chés Chrêtien Herold. 1760.

I. MAXIMES & REMARQVES GENERALES.

Bien penser, parler comme on pense, & agir comme on parle, voilà le mobile de l'univers, et les trois qualités essentielles à un Roi pour conduire son Royaume.

Le Comte de *Tessin* au Prince Royal de Suede, T. I. p. 63.

Préface de l'Auteur.

Ce fut à la ſollicitation d'un Prince, qui avoit formé le louable projet de bien gouverner ſes peuples, que je jettai les prémiers traits de cet ouvrage.

Un eſpace de huit ans me fournit de nouvelles idées, l'expérience ſe mûrit, & l'eſprit devint plus épuré & plus impartial.

Comme ce n'eſt pas un roman politique que j'ai voulu donner au public, je ne demande ni l'impoſſible, ni je ne dégrade l'humanité. Faire une faute, eſt ce qui nous peut arriver tous les jours. Se corriger & corriger les autres, eſt le ſouhait & l'ouvrage d'un Chrêtien, d'un vrai patriote, d'un fidéle concitoyen, & le déſir général de quiconque eſt un vrai ami de l'homme.

En partant de ces deux Principes également vrais, il pourroit aiſément arriver, qu'à cinquante ans, s'il plaiſoit à Dieu de prolonger juſques là mes jours, j'aurois peine à pratiquer ce qu'à trente cinq j'ai écrit, & exigé des autres.

Mais j'ai en ma faveur le témoignage de ma conſcience, qui m'aſſure, qu'avec la grace de Dieu je ſerai tout auſſi appliqué à ſuivre les connoiſſances, qu'un age avancé pourra me procurer, que je le ſuis à me guider par mes lumières actuelles, & j'accepterai avec autant de reconnoiſſance les conſeils & les corrections d'autrui, que j'aurai de joye à voir rempli le ſouhait que je forme, pour que des hommes d'une expérience plus conſommée que la mienne veuillent favoriſer & accueillir cet ouvrage, & y reconnoître en même tems la pureté de mon cœur & de mes intentions.

A Francfort ſur le Mein, le 18 Octob. 1758.

Fréderic Charles de Moſer.

Préface du Traducteur.

Le livre de Monsieur *de Moser* m'a frappé; il est rempli d'excellens tableaux, dans plusieurs desquels on reconnoit une main de maître. J'ai crû faire plaisir à ceux qui n'entendent pas l'allemand, de leur en faciliter la lecture. J'avoue qu'il y a des endroits, dont on ne peut que foiblement rendre toutes les beautés; Messieurs les François y verront des expressions nouvelles pour eux, parce qu'elles ne sont usitées qu'en Allemagne, & que la fidélité d'un traducteur exige qu'on s'y conforme. Au reste je cherche par cette traduction à leur faire connoître plusieurs usages des Cours de l'Empire, qu'ils ignorent peut-être, & dont ils peuvent tirer profit; & je serai en même tems flatté de convaincre Messieurs les Allemans du respêt que j'ai pour leur langue, à laquelle, quoi qu'étranger, je me suis assez appliqué pour l'entendre passablement. C'est à eux de juger, si j'ai réussi.

Table.

Autant il eſt impoſſible à un pére de famille de ſoûtenir ſa maiſon, ſi ſon œconomie n'eſt en général fondée ſur un certain plan déterminé, quoique de tems à autre cette œconomie ſe change dans ſes acceſſoires: autant & encore plus l'eſt-il à un Prince, même pour un court éſpace de tems de gouverner ſes peuples heureuſement & avec ordre, s'il n'a pour baſe de certaines maximes fondamentales qu'il doit continuellement avoir ſous les yeux, comme la regle immuable de ſa conduite.

Quelques-unes de ces maximes peuvent & doivent être en tout tems invariables; d'autres au contraire dependent des circonſtances; elles en reglent la durée, y mettent des bornes, les étendent ou même quelquefois les changent tout-à-fait.

Il eſt des Cours qu'on eſt accoutumé de voir agir par ſyſtème, ordre & harmonie dans leurs maximes, au point qu'on ſait, de quels Principes partent toutes leurs actions; elles prétendent même qu'on les juge de là, & qu'on en agiſſe avec elles ſur ces mêmes principes, comme étant des loix immuables & fondamentales de leurs gouvernemens.

On trouve en révenge pluſieurs autres Cours, où depuis 50, 60, & même cent ans il ne ſe rencontre plus aucune trace qu'il y ait jamais eu de l'ordre. C'eſt une certaine generation de Princes & de Miniſtres, qui croiſſent enſemble & ſe ſuccedent, & qui, paroiſſant ſubſiſter dans une eſpèce d'harmonie préétablie, ſont unanimement d'accord pour ſuivre aveuglement les anciens abus.

C'eſt preſque le défaut general des moyennes & des petites Cours de l'Allemagne: elles n'ont ni ſyſtème ni principes. Un ſyſtème doit être accompli; il veut être fondé; il y faut de l'ordre, une correſpondence entière des parties avec leur tout, & un parfait accord de ces parties entre elles. Les exemples ſuivans jetteront plus de jour ſur ce que j'avance.

La Cour de .... a de bons principes. On ne peut point lui reprocher de ces fautes qui influent ſur la réputation; on y trouve de la juſtice & de l'œconomie. Elle pourroit cependant l'emporter ſur bien d'autres Etats, & le Prince ainſi que ſes ſujets pourroient être plus à leur aiſe, ſi un certain eſprit de confuſion ne s'étoit gliſſé dans l'adminiſtration des affaires. Car il eſt une fois décidé, un ſeul doit monter la pendule, ſoit le maitre, ſoit celui à qui il en a confié la clef; ou pour me ſervir d'une autre comparaiſon, il ne faut qu'un ſeul pilote au gouvernail, pour faire arriver heureuſement les autres paſſagers au port. Mais à cette Cour on règle aujourd'hui l'horloge, demain un

l'avanl'avance & l'autre la recule ; enfin un troisieme en détache les poids ; & comme il y a tant de gens qui s'en melent, il ne va jamais juste.

Dans une autre Cour rien ne manque de ce qui peut servir à rendre un gouvernement parfaitement heureux ; mais une éspèce d'assoupissement qui du trone semble avoir gagné toutes les autres parties de l'Etat, les a comme engourdis. Les matériaux sont là ; mais il en arrive comme dans l'élévation d'un batiment qu'on neglige ; avant qu'on en vienne au comble, un peu de muraille s'est renversé. On n'y manque pas de gens qui donnent leurs avis ; mais ils ne les donnent jamais à propos ; & l'on ne fait venir les pompes, que lorsque l'embrasement est dans son fort, & que la flamme perce déja le toit & s'éléve au dessus de la maison. (a)

Le gouvernement de . . . . est d'une excellente constitution ; le Souverain y jouit d'une réputation fondée ; mais sa Cour est dans la derniere confusion. Ce sont uniquement les Ministres qui gouvernent le païs, & le Prince les laisse agir à leur gré, pourvuqu'ils ne s'avisent pas de venir lui rompre les oreilles de leur latin au milieu d'une fête ou d'une partie de plaisir. Heureusement ces Ministres sont honnêtes gens & gens d'esprit. A la Cour le Prince gou-

(a) La Cour de** par cette lenteur qui lui est ordinaire, negligea alors & depuis encore perdit tout-à fait la volonté de connoitre & de châtier un aussi grand desordre - - & laissa retomber les choses dans la premiere confusion. *Nouv. Relat. de Venise*, Tom. I. p. 169. Ce livre a été écrit avant l'année 1740, c'est pourquoi l'on n'a pas mis le nom de cette Cour, parceque les circonstances y ont changé.

gouverne ſeul. Je tremble quand je penſe à ce qui arriveroit ſi les Miniſtres avoient moins de probité.

Mais à - - - - ſon Alteſſe Sereniſſime veut gouverner ſeule, & ne prend conſeil que d'elle même. Un homme ſeul pourroit plus aiſément mener un caroſſe à huit chevaux ſans danger, qu'une principauté ne peut ſe diriger par les caprices d'une ſeule tête.

Les diſcuſſions du Prince de - - - - avec ſon voiſin, tant pour les limites que pour des Vaſſaux, font un bruit horrible. Avec quelques grains de prudence, de reflexion & de fermeté on auroit pu maintenir l'avantage où l'on étoit. Mais on n'a pas ſu ſaiſir le moment. Enfin après de longs procès, on ſonge à s'accommoder; on prend pour arbitre une Cour étroitement unie avec la Cour ennemie, & cela dans la folle idée, que cette Cour, touchée d'une marque de confiance de cette nature, oubliera ſes anciennes liaiſons, pour n'écouter que la voix de l'equité. Quelle imagination! quel ſyſteme!

Il peut ſe trouver dans un gouvernement pluſieurs parties dignes d'éloge & qui meritent d'être imitées, tandis que le total de ce même gouvernement peut être blamable, pernicieux, & même tyrannique.

On trouve auſſi peu un modéle complet & univerſel de Politique, qu'on trouve par tout le même climat. On peut très-bien aller fourré du pied à la tête à Petersbourg au mois de May, tandis qu'à Naples on étoufferoit ſous le même habillement.

Cependant il n'y a point de Cour qui n'ait ſes défauts, comme il n'en eſt point, quelque décriée qu'elle ſoit, où l'on ne trouve du bon.

La

La direction d'un ménage ou d'un païs, soit bonne au mauvaise, dépend toujours du maître. Le plus magnifique palais tombe en ruine, si le Seigneur, qui l'habite, neglige d'en prendre soin; tandis qu'un désert se metamorphose en jardin sous les yeux d'un sage & habile propriétaire. Que n'est pas devenüe la Russie sous *Pierre* le grand! la Prusse sous le regne d'aujourdhui & le précedent! l'état des finances d'Autriche si delabrées autrefois & le Militaire jadis si negligé, sous l'Imperatrice Reine! Quand d'un autre côté je jette les yeux sur quelques autres païs si favorisés des dons de la nature, que je considére l'état de puissance dont ils sont dechus, tandis qu'ils pourroient y être encore, je ne peux m'empecher de gemir de voir une si belle & si riche succession se dissiper & venir à rien par la mauvaise gestion d'un indigne tuteur.

On va moins vite en gagnant le sommet d'une montagne qu'en en descendant. Un incendie peut dans une nuit detruire un batiment, auquel on a travaillé pendant 20 années. On peut bien plûtôt ruiner un païs que l'ameliorer. Il doit être bien sensible à un Prince qui a également à cœur & l'honneur de sa maison & le bien de ses sujets, de jetter les yeux sur un successeur, que les droits de la naissance mettent à même de détruire en un instant tout ce que sa sagesse, sa prudence & ses soins ont eu tant de peine à éléver. Quel soupir ne doit pas pousser ce digne Ministre, de voir son futur maitre se lier à des gens, par les conseils de qui il est d'avance sûr qu'il prendra le contrepied de ce qu'une longue & sage experience avoit trouvé d'avantageux pour l'honneur de sa maison & pour l'utilité du païs.

 C'est

C'eſt un poſte bien difficile à remplir que celui de Souverain, mais plus difficile encore pour un mauvais Souverain. Malheur au Prince qui n'en ſent pas tout le poids! mais plus malheureux encore le païs d'un Prince, qui connoît tous ſes devoirs, ſans s'embaraſſer de les remplir!

Il y a une difference eſſentielle entre être *le Souverain* d'un païs & en être le *Pére.* Le premier titre s'acquiert par les droits de la naiſſance, & l'autre eſt le prix de la vertu & de l'accompliſſement de ſes devoirs. L'un regne ſur les biens de ſes ſujets, & l'autre ſur leurs cœurs. On devroit dès le berceau repeter à ceux que leur naiſſance appelle au trone, ces belles paroles d'un grand homme dont le nom ſera toujours cher & reſpectable à bon droit à tout royaume. Peut-on effectivement l'entendre ſans en être touché juſqu'au fond du cœur? lorſqu'il dit au Prince royal de Suede (b): „ *Etudiez-vous,* „ *Monſeigneur, à être continuellement l'ami des hom-* „ *mes, à ne point bleſſer leurs cœurs, & à ne les com-* „ *bler que de dons & de bienfaits.* „

Un Prince qui avec peu ou mediocrement d'eſprit a un bon cœur, eſt infiniment plus eſtimable que celui qui au brillant de mille qualités héroiques & d'un eſprit ſuperieur ne joint aucunes vertus morales, qui s'éléve des ſtatües ſur les ruines des maiſons de ſes ſujets, qui fait trembler l'Univers de crainte & ſon païs de miſère. La Suede ſe rappellera toujours avec plus de plaiſir le regne doux & paiſible du Roi *Fréderic* que les grands exploits de *Charles XII.* qui par ſon inflexible courage l'a plongée dans les derniers malheurs, dont elle ne ſe rélevera

(b) Lettres du Comte *de Teſſin.* I. Part. p. 350.

vera pas encore de ſi tôt. Combien digne de louange n'eſt pas le témoignage qu'avec l'approbation de l'Univers entier l'Orateur du peuple Danois donne à ſon Monarque ſi chéri & ſi digne de l'être (e): „*Un bon* „*ſujet de ſes royaumes qu'il tient de ſes ayeux, lui eſt* „*cent fois plus précieux que deux nouveaux qu'il pour*-„*roit acquérir par la deſtruction du premier*.„ Que de feu dans un remerciment ſi légitime: „*Peuples de* „*cet Empire, meritez vôtre bonheur par un cœur re*-„*connoiſſant envers le ciel & par le plus tendre amour* „*pour un Roi qu'il vous a donné non dans ſa colère, mais* „*dans la plénitude de ſa grace*.„

Qu'il me ſoit permis, en jettant les yeux ſur le triſte état où ſe trouve aujourdhui l'Empire, en faveur de la conſequence du ſujet, d'en conſiderer la ſituation, & d'y appliquer les paroles d'un homme que l'Univers a toujours écouté avec plaiſir. C'eſt *Bayle* qui parle (d): „*J'ai autrefois oui prouver un* „*paradoxe au Roi de Suede, qui revenoit aſſez à ce que* „*je dis. Quelqu'un louoit ſes grands progrès en Alle*-„*magne, & ſoutenoit en ſa préſence, que ſa valeur,* „*ſes grands deſſeins & ſes hauts faits d'armes étoi*-„*ent les ouvrages les plus accomplis de la Providence,* „*qui furent jamais; que ſans lui la Maiſon d'Autriche* „*s'acheminoit à la Monarchie univerſelle & à la deſtru*-„*ction de la Religion des Proteſtans; qu'il paroiſſoit* „*bien par les miracles de ſa vie, que Dieu l'avoit fait* „*naître pour le ſalut des hommes, & que cette gran*-„*deur démeſurée de ſon courage étoit un préſent de la* „*Toute-puiſſance, & un effet viſible de ſa bonté infinie.*

 „*Dites*

(c) Dans la gazette d'Altona, intitulée le *Courier de Poſte*, 1757. No. 209.
(d) Dans les Penſées ſur la comète. T. I. p. 253. & Mr. de Callieres, *Fortune des gens de qualité*. P. II. Ch. 10.

„*Dites plutôt*, répartit *le Roi*, *que c'est une marque* „*de sa colère. Si la guerre, que je fais, est un rémé*-„*de, il est plus insupportable que vos maux. Dieu ne* „*fait choses extrêmes, sans châtier quelqu'un.* „C'est „un coup de son amour envers les peuples, quand „il ne donne aux Rois que des ames ordinaires.„ „*Celui qui n'a point d'élévation excessive, ne conçoit* „*que des desseins de sa portée. La gloire & l'ambition* „*le laissent en répos. S'il s'applique à ses affaires, ses* „*Etats en deviennent plus heureux; & s'il se décharge* „*de ses soins sur quelqu'un de ses sujets, à qui il fait* „*part de son autorité, le pis qu'il en peut arriver,* „*est, qu'il fait sa fortune aux dépens de son peuple, qu'il* „*impose quelques subsides pour en tirer de l'argent &* „*pour avancer ses amis, & qu'il fait gronder ses égaux,* „*qui ont peine à souffrir son pouvoir. Mais ces maux* „*sont bien légers & ne peuvent être en aucune consi*-„*dération, si on les compare à ceux que produisent les* „*humeurs d'un grand Roi. Cette passion extrême,* „*qu'il a pour la gloire, lui faisant perdre tout répos,* „*l'oblige nécéssairement à l'ôter à ses sujets. Il ne peut* „*souffrir d'égaux dans le monde. Il tient pour enne*-„*mis ceux qui ne veulent point être ses vassaux. C'est* „*un torrent qui désole les lieux, par où il passe; &* „*portant ses armes aussi loin que ses espérances, il rem*-„*plit le monde de terreur, de misère & de confusion.*„

Laissons au sage à faire à ce qui se passe de nos jours l'application de la pensée d'un Roi, formée depuis plus d'un siècle & écrite depuis plus de cinquante ans. Car qui ne connoit pas celui qu'à l'exemple de *Gustave Adolphe* on regarde aujourdhui comme le restaurateur de la liberté germanique? On ne peut refuser à cet esprit indéfinissable ni le respet ni l'admiration. C'est le roi des héros; il a de l'esprit pour plus

plus d'un monde; comme le ſoleil, il ſe tourne ſur ſon axe & n'emprunte de lumière que de lui-même; comme cet aſtre, il a ſa chaleur & ſes tâches; il a en lui-même la meſure d'un eſprit ſublime. Les ſiècles futurs s'appliqueront avec ſoin à approfondir ſon élévation, ſa grandeur & ſon eſſence; peut-être le monde politique nous fournira-t-il un autre *Newton* qui nous en démontrera toute la valeur intrinſéque avec la même exactitude que ce confident du Créateur a ſu péſer les mondes. Je ne l'ai jamais enviſagé ſans être hors de moi-même; ſes actions ſont les délices de mes penſées. Je le ſuis quelquefois à la piſte pour decouvrir les détours qu'il prend; mais l'aigle s'éléve dans les airs, la volatille le perd de vûe. Je l'aperçois dans le lointain, je conſidére ſa grandeur; elle repoſe ſur la même ſurface que nous. Soit qu'il reſte élévé, ſoit qu'il tombe, il occupe l'eſpace d'un Coloſſe. Non, je ne connois rien de plus grand dans l'humanité, quand je conſidére cet auguſte Monarque. Mais c'eſt un malheur pour nous qu'il n'ait pas un monde pour lui ſeul.

* * *

Si les grands Seigneurs ſavoient, combien il leur eſt facile de ſe faire aimer, ils feroient encore beaucoup plus de bien, eux qui ont le flatteur avantage d'être en ſituation de repandre la joie, la gaieté, le contentement & l'abondance parmi le reſte du monde dont ils ne ſont qu'une très petite partie.

Oui, en verité, nous leur mettons en main un avantage qui devroit être en eux un puiſſant éguillon pour les porter au bien & à la vertu. Nous ne ſommes que trop inclinés nous autres ſujets, à penſer avantageuſement de nos maitres; nous

nous

nous empressons à couvrir & excuser leurs défauts; nous prisons & nous exaltons leurs bonnes qualités au dernier point. Combien ne leur est-il donc pas aisé de passer pour vertueux, justes, généreux & affables! Pourvu qu'un Prince ne soit pas publiquement scélerat, vicieux, cruel, avare & grondeur, on le louë. Il faut qu'il pousse les choses bien loin pour se mettre en mauvaise odeur vis-à-vis de son peuple. A-t-il quelque foiblesse? s'abandonne-t-il même à la débauche la plus outrée, ce qui ne lui est que trop facile? à peine laisse-t-il paroitre un soupçon de repentir, que tout est oublié & pardonné. Une bonne parole fait donner au sujet jusqu'à son dernier sou, & même ce qu'il avoit mis de côté pour assurer l'entretien de sa veuve & de ses enfans. Une mine riante, un coup sur l'épaule d'un air gracieux ranime un vieillard qui a blanchi sous le poids des affaires.

Quel Empire peut être plus fertile en Princes magnanimes & généreux que celui de l'Allemagne? puisque nos Constitutions ne les privent d'aucune occasion de faire du bien. Qu'on me montre un Etat en Europe, dans lequel un Prince dont le territoire n'a que quelques lieuës d'étendüe, puisse, pourvû qu'il le veuille, rendre ses sujets aussi heureux? & supposé qu'on trouvât par ci par là un pareil Souverain qui vecut avec le petit nombre de ses sujets comme un pére tendre avec ses enfans, il est aussi impossible en ce cas de refuser à un Prince si aimable l'amour, l'attachement & la vénération, que d'un autre côté il est juste de marquer au coin de l'ignominie un petit tyran, dont la rapacité, ne pouvant plus rien extorquer de ses sujets, employe jusqu'au manteau de la religion pour couvrir son avarice.

Mais

Mais en vrai patriote, je ne peux m'empêcher de verser des larmes, en avouant qu'il est bien peu de Princes qui n'abusent de nôtre heureuse liberté germanique. Nous sommes près des tems où il ne sera plus permis de choisir entre le bon & le mauvais, mais entre la mauvais & le pire. Rien de moins consolant que le coup d'œil que l'on peut jetter sur le gouvernement présent. Helas! j'ai presque honte d'être allemand, quand je considére quels Princes seront la plus part de ceux qui doivent nous gouverner un jour. Que je crains fort qu'ils ne ressemblent au portrait que nous fait l'écriture du Roi *Roboam!* “ *Et il demanda conseil aux jeunes gens qui avoient été élévés avec lui & qui assistoient devant lui, & leur dit: Que conseillez-vous que nous repondions à ce peuple ici qui a parlé à moi, disant: allège le joug, que ton pére a mis sur nous. Alors les jeunes gens qui avoient été nourris avec lui, parlerent à lui disans: Ainsi diras-tu à ce peuple: Ce qui est le plus petit en moi, est plus gros que les reins de mon pére. Or mon pére a chargé sur vous un pésant joug; mais moi je rendrai vôtre joug encore plus pésant. Mon pére vous a châtié avec des fouets, mais moi je vous chatierai avec des éscourgées. . . . . Mais le Roi répondit rudement au peuple, car le Roi Roboam abandonna le conseil des anciens.* „

Peut-être mon chagrin naît-il de ma simplicité; mais que mon nom soit en horreur à ma patrie, si aucun bas motif entre dans mes idées & anime mon cœur germanique. Que la postérité juge des suites d'un témoignage, que, malgré lui, nôtre siecle doit, hélas! confirmer.

* * *

L'éducation de la plus part des Princes destinés à gouverner un jour, est aussi negligée dans les mœurs que

que dans les principes. Qu'on ne me force pas de le prouver, ſans quoi je le ferai.

A peine un jeune Prince a-t-il quitté ſes maitres & fini ſes voyages, que, victime de l'uſage, il n'a que deux partis à prendre, ou de ſervir, ou de reſter chez lui. Encore en ce dernier cas l'eloigne-t-on entièrement des affaires; on lui donne tout au plus un régiment, & le fait entrer dans le département de la guerre. Le reſte demeure un myſtère pour lui; on lui cache également les interets de ſa maiſon, le fort & le foible du païs, l'état des ſujets, la conſtitution des tribunaux, l'art de negocier; on lui interdit l'entrée au conſeil; on va juſqu'à lui faire un crime de témoigner quelque envie de s'inſtruire de la forme interne du gouvernement, & on refuſe de lui en donner la moindre connoiſſance. Les péres & les ayeux de nos Souverains étoient de bonne heure initiés aux affaires; ils étoient obligés de frequenter les Colléges & d'y travailler; ils entroient dans le Conſeil & pouvoient y donner leurs avis, quand le tems & l'étude les avoit mis à même de les donner avec choix. On peut cependant encore, à la gloire de nos jours, citer quelques exemples pareils, mais pas à la vérité en grand nombre. Le Roi de Pruſſe paſſe ſouvent pluſieurs heures de ſuite avec ſon Neveu, & ſe plait à former le caractère de ce jeune Prince, qui, devant un jour lui ſuccéder, donne déja la brillante éſperance qu'on le verra dans ſon tems remplir avec éclat les hautes deſtinées, où Dieu & ſa naiſſance l'appellent de concours. Le Prince héréditaire, aujourdhui Landgrave de Heſſe-Caſſel, étoit auſſi admis au Conſeil de ſon Pére, & l'on m'a même dit, que pendant un tems il en tenoit le regître.

Ce

Ce qui fait, que les deux exemples que nous venons de citer ſont peu ſuivis, vient ſans doute de ce que pluſieurs Péres s'entendent eux-mêmes très peu aux affaires, en ont du degoût & préférent leurs plaiſirs à leurs devoirs. Nous diſpenſons volontiers les autres d'une choſe qui n'a nul attrait pour nous. Souvent la jalouſie contre un fils qui fait paroître de la vivacité & des lumières, y contribue beaucoup. La méchanceté & la malice d'un Miniſtre corrompu s'empreſſent auſſi d'éloigner de pareils témoins de leurs concuſſions. Les favoris, les piliers d'antichambre & les fainéans de Cour ſoutiennent comme un article de foi, que le travail eſt une occupation peu digne d'un Souverain, qu'il doit en charger ſes Miniſtres & ſes dicaſtéres, nommant ainſi travail ce qui a toujours fait les délices des bons Princes, & ne reflèchiſſant pas, qu'une partie des divertiſſemens des grands Seigneurs eſt une fatigue réelle & beaucoup plus perilleuſe.

* * *

Il eſt vrai qu'un Souverain ne doit pas travailler avec la même aſſiduité qu'un ſimple conſeiller de régence ; & dès que je vois le cabinet d'un Prince garni du haut en bas de bureaux d'archives, je ſuis tout auſſi ſûr qu'il n'y a nul ſyſtéme dans le gouvernement, que ſi je trouvois ce cabinet orné de fouëts & de bois de cerf. L'architecte doit à la vérité toujours avoir devant les yeux le plan de tout le corps du bâtiment & ne pas quitter la règle des mains; mais il n'eſt pas pour cela obligé de faire de ſa tête un puits à mortier, ni de ſa chambre un chantier; il ſuffit qu'il voye le tout, qu'il le dirige en détail avec ordre & meſure, & dans la qualité & quantité requiſe. Mais la plus part de nos jeunes Princes

Princes n'entendent pas l'un & ſe ſoucient peu de l'autre. Pourroient-ils mieux employer leur tems qu'à parcourir leurs bailliages, pour prendre par eux-mêmes des notions ſûres de l'œconomie rurale, vraie ſource des richeſſes, pour s'accoutumer à l'humanité (e) en conſidérant de près les peines & les travaux du peuple, pour encourager l'ardeur des fabriquans & des gens de mêtier, & animer leur induſtrie en les viſitant. Par de tels ſoins qui font tant d'honneur à un Prince, il découvre les treſors internes de ſon païs, il en déterre les mines, les ſalines & les autres dons de la nature; il apprend à connoitre le génie & la façon de penſer de ſes ſujets, & il eſt à même de juger des avantages & des défauts du gouvernement. Qu'un Prince avec de telles connoiſſances ſeroit bien préparé à prendre les rênes du gouvernement! Qu'arrive-t-il au contraire? On laiſſe écouler les plus belles années de la vie dans une pernicieuſe oiſiveté; on detourne l'eſprit de tout travail & application ſérieuſe, pour ne l'occuper, quand il n'arrive pas pire, qu'à des bagatelles ou des choſes trop au deſſous d'une perſonne qui eſt deſtinée à regner un jour; & trop ſouvent ces années qu'un Prince ne devroit employer qu'à ſe former pour le bien de l'Etat, il les conſacre au libertinage, à la chaſſe, au jeu, à l'yvreſſe, & à jouer ridiculement le Militaire.

* * *

On néglige & on mépriſe même de s'entretenir avec des Miniſtres & autres gens de mérite. Un Prince

e) Quel Rodrique aujourd'hui daigne jetter la vûe
Sur le noble inſtrument, que nous nommons Charrue?
Inſtrument vil à voir, ſans lequel toutefois
Les ſceptres tomberoient hors des mains de nos Rois.
Epîtres div.

Prince ne fait aucune difficulté de passer des journées entières en parties de plaisir avec ses courtisans, tandisque nous pouvons dire hardiment, que la pluspart rougiroient vis-à-vis de ces inutiles qui leur servent de passe-tems, si par hazard on venoit à découvrir qu'ils eussent été voir un Conseiller privé qui ne fut pas homme de condition, pour recevoir de sa bouche des instructions sur les affaires d'Etat. Maint Chambellan dont tout le merite consiste dans la clef qu'il porte, se croiroit en droit de ricaner sur ce prétendu avilissement. A la verité on se voit à la Cour, à table, au jeu; les Princes y paroissent aimables & charmans; on fait aux Ministres force complimens; on leur dit de jolies choses; c'est-là le but de la politesse qu'on inspire aux Princes dès le berceau, & voilà tout. On ne peut pas toujours parler d'affaires, ce n'est pas aussi pour cela qu'on vient à la Cour, ce sont des heures de repos & de delassement; mais on peut faire l'un & l'autre.

Avec ces mauvaises dispositions un Prince parvient à la regence; il s'en empare non comme d'un poste dont il a appris à fond les devoirs, mais avec la joie d'un fils qui depuis longtems souhaitoit son pére en paradis, & se trouve enfin maitre d'un bien dont il croit pouvoir disposer à son gré. Les vieilles habitudes ne se perdent plus à un certain âge, & ce n'est que lentement & avec repugnance qu'on apprend dans la vieillesse ce qu'on a negligé d'étudier dans la jeunesse, ou ce que d'autres n'ont pas eu soin de nous enseigner.

* * *

Quant aux cadets, il est de l'étiquette qu'ils doivent bongré ou malgré prendre le parti des armes;

 qu'ils

qu'ils y ayent des diſpoſitions ou non, peu importe; c'eſt leur deſtination. Peu s'en faut qu'il ne me ſoit échapé de dire: la pluspart de ces Princes ſe bornent aux études frivoles de la Cour, ils apprennent les langues, la muſique, la danſe, à monter à cheval, à faire des armes, à jouër, à folatrer, mais rien de plus.

On ne peut pas ici faire de comparaiſon entre ce qui ſe pratiquoit autrefois & ce qui ſe paſſe aujourdhui, parce qu'il n'y a pas encore bien longtems que le droit de primogeniture eſt regulierement introduit dans les Cours de l'Allemagne. Au contraire, quand bien même on ne partageoit pas tout-à-fait également un païs entre tous les freres, les cadets avoient du moins pour leur part ou un bailliage ou un chateau avec un certain diſtrict de païs, ce qui leur fournoiſſoit une eſpece d'occupation. Mais aujourdhui on a poſé pour principe immuable, que pour la grandeur d'une maiſon il ne devoit y avoir qu'un maitre dans le païs. Les ſujets s'en trouvent-ils mieux? eſt-il plus avantageux à l'Allemagne d'avoir inſenſiblement moins de Souverains & qu'ils ſoient plus puiſſans, que d'en avoir eu beaucoup d'un pouvoir mediocre? N'eſt-ce pas aux ſuites de l'ancien uſage que nous ſommes redevables de la population de l'Allemagne? N'eſt-ce pas par là que nous avons vu des villages ſe changer en villes, & de ſimples métairies en villages? N'eſt-ce pas ce qui fait que nous trouvons encore aujourdhui tant de magnifiques châteaux & de maiſons de campagne où ces Princes faiſoient leur réſidence? Ne vaudroit-il pas encore mieux, au lieu d'argent comptant qu'ils dépenſent preſque toûjours dans un païs etranger, leur aſſigner les revenus d'un bailliage, où ils demeureroient & où on leur laiſſeroit certains droits ſeigneufeigneuriaux qui ne fuſſent pas préjudiciables à ceux du Souverain? Ne trouverait-on pas, qu'au bout de 30 ou 40 ans les habitans de ce bailliage feroient le double plus riches que d'autres? C'eſt ce que je ſoumets aux lumieres de ceux qui ont l'honneur d'entrer au Conſeil, & à la reflexion de ces Souverains qui ont le bonheur de rencontrer de vrais amis dans la perſonne de leurs Miniſtres (f).

Mais il y a une conſidération, que je ne fais jamais ſans douleur. Un Etat a les mêmes droits ſur les Princes cadets, ſur leur amour, leurs inclinations & leurs talens, que ſur le Prince héréditaire. Celui-ci a dans ſes freres ſes amis naturels les plus proches & les plus intimes. Le ſyſtéme de primogéniture a renverſé ce principe; on laiſſe à la verité au païs l'humble prérogative de nourrir tous les enfans de ſon maitre; & pour prévenir ce qui pourroit arriver en cas de mort, les Vaſſeaux prêtent ferment de fidelité à toute la Maiſon en général; on prie auſſi Dieu pour eux dans les egliſes. Reſte à ſavoir combien peu de gens repetent ces prieres après le prêtre qui les prononce. Au ſurplus, on accoutume dès l'enfance les Princes cadets à porter un certain reſpêt à leur ainé, comme devant un jour être leur maitre; & celui-ci y eſt ſi fait & ſait ſi bien ſe maintenir dans ce droit, que ſi par hazard ils n'ont quelque affaire de cœur ou quelque étourderie de jeuneſſe à ſe communiquer, on n'apperçoit entre eux aucune ombre de confiance. A peine un cadet eſt-il

 dans

(f) Periſſe avec ſes loix la dure Politique,
Qui, ſur le frêle eſpoir d'un honneur chimérique,
Dépouille les cadets en faveur d'un ainé,
Souvent peu digne encore de ceux, dont il eſt né.
Epitr. diverſ.

dans ſon printems, qu'il faut partir pour entrer au ſervice; ou ſi par malheur c'eſt en tems de paix, il eſt réduit à s'amuſer chez lui à dreſſer les ſoldats de ſon pére.

Le Prince héréditaire parvient à la regence, & ſes cadets ſe donnent plus ou moins de peine, ſuivant la force de leur penſion, pour percer dans le monde. Ils deviennent étrangers dans le païs & dans la maiſon même où ils ſont nés. A peine reçoit-on volontiers leurs viſites, lorſqu'elles ſont trop frequentes; & on les voit toujours partir avec plaiſir. La pluspart n'oſent penſer au mariage, & meurent ſans poſtérité. S'il arrive qu'un cadet ait la tête emportée d'un boulet de canon, quelle joie de voir rentrer cet appanage dans les coffres du Prince! encore le leur paye-t-on mal pendant leur vie cet appanage qu'on regarde comme une eſpèce de vol, de ſorte que ſouvent la miſère d'un côté & l'ambition de l'autre les engagent à faire reſſource de la ſeule choſe qui leur reſte, & ils vendent leur religion faute d'argent. En attendant les Miniſtres & les Courtiſans vivent en abondance à la Cour de l'ainé; ſa maitreſſe lui coute plus dans un an que ſes fréres pendant toute leur vie. Il n'y a pas de ſource, quelque petite qu'elle ſoit, où plus de dix ne cherchent à puiſer; le frére cadet du Prince eſt le ſeul à qui l'on interdit le feu & l'eau; il a ſa penſion, qu'il ſe tire d'affaire! comme ſi d'autres qui ſont déja placés, ne recevoient pas tous les jours de nouvelles graces. On lui donne bien encore un régiment, une Commanderie ou quelque choſe de ſemblable; & par là un Prince s'imagine donner des preuves inconteſtables de ſa tendreſſe pour ſes freres.

L'hi-

L'hiſtoire & l'experience nous apprennent, que ces Princes, bannis pour ainſi dire de la maiſon paternelle & de leur païs, parviennent ordinairement par leur génie, leur vertu, leur courage & leurs ſervices au premiers poſtes du militaire; ils obtiennent des gouvernemens de provinces, & illuſtrent pendant le cours de leur vie l'hiſtoire de leur maiſon. Oui, j'ai ſouvent admiré dans moi-même avec un profond reſpêt les voyes impenetrables de la providence divine dans le gouvernement de ce monde, qui permet ſouvent, que le Prince que ſa naiſſance appelle au trone, eſt peu favoriſé des dons de l'eſprit & encore moins des qualités du cœur, n'ayant pas même la volonté de bien faire, tandis que ſon cadet brille de toutes les vertus, qui caractериſent un bon Prince & contribuent à l'aggrandiſſement d'une maiſon, à la joie des ſujets & au bonheur du païs. Chaque Souverain ne devroit-il pas, lorſque de l'aveu de ſa Cour & de tout ſon païs il a le bonheur d'avoir un tel frére, ſe vouloir aſſez de bien à lui-même, pour tirer parti de tant de prudence & de belles qualités? Pourroit-il ſe repoſer ſur un ami plus fidelle que celui à qui les noeuds du ſang le lient de ſi près? Ne ſeroit-il pas glorieux pour le Prince & pour ſa maiſon, de voir ce frére à la tête de ſes Colléges? Avec quel plaiſir & quel zéle de dignes & laborieux perſonnages ne travailleroient-ils pas ſous les yeux d'un Prince, qui rendroit bien plus de juſtice à leurs merites qu'un Miniſtre jaloux ou un ſtupide favori, chez qui toute ſorte de motifs ſe réuniroient pour l'engager à travailler avec vigueur au bien de ſa maiſon & où il ne ſe recontreroit aucune de ces maximes, qui détruiſent ſouvent les plus beaux projets; ſans parler de beaucoup d'autres avantages. L'amitié d'un frere eſt un tréſor, car les

 amis

amis ne nous naiſſent pas, il faut les mériter; deux maitres dans la même maiſon, ſi on veut le prendre ſur ce pied, font rarement bien; il ſeroit cependant moins honteux à un Souverain, de ſe laiſſer conduire par les avis d'un frere, que de ſe voir gouverné par un Grand-Chambellan ou un orgueilleux Chancelier. Les deux illuſtres Princes de Bronsvick *Rudolphe Auguſte* & *Antoine Ulric* nous ont laiſſé un monument dont le ſouvenir ſera toujours précieux, monument, qui démontre la poſſibilité d'une union fraternelle qui a pour objét la gloire & l'avantage de l'état; & avec quel héroiſme & quel bonheur le Prince *Henri* de Pruſſe n'a-t-il pas repondu à la confiance que lui a temoigné le Roi ſon frere à la face de toute l'Europe, en partageant avec lui le commandement de ſes forces? Pour citer un exemple de moindre conſéquence, on ne ſauroit paſſer ſous ſilence l'abdication du Comte *Louis Caſimir* d'Iſenbourg-Budinguen en faveur du Comte *Guſtave Frederic*, ſon frere, abdication dont les ſuites ſont ſi avantageuſes pour cette maiſon. De tels exemples ſeroient encore plus frequens ſans ce maudit préjugé ſi fort enraciné de nos jours: que c'eſt aux gens de lettres à ſe charger des affaires d'Etat, & qu'il n'y a pour un Prince que la voie des armes où il puiſſe acquerir de l'honneur.

* * *

Ce préjugé me fait naitre une autre remarque; je laiſſe au public à décider ſi elle eſt fondée ou non: Le gouvernement deſpotique de pluſieurs de nos Princes, la dureté avec laquelle ils traitent leurs ſujets, les promeſſes les plus ſaintes violées de pluſieurs façons ainſi que les accords faits avec les Etats, l'ignorance où ſont la plus part des Souverains de leurs vrais devoirs, la négligence volontaire de ces mêmes

mes devoirs, le desir de pousser jusqu'à l'extrême leurs droits & priviléges naturellement justes & inviolables, avec tant d'autres marques d'un Siècle de calamité, voilà en grande partie les suites du gouvernement militaire.

La Cour de Berlin en a pris le modelle de celle de Versailles, & nous voyons d'un jour à l'autre plusieurs de nos Princes allemands copier la Prusse avec plus ou moins de succès.

L'état de la Cour, du militaire & des finances de Prusse est comme l'épée de *Scanderbeg*; il faloit aussi avoir son bras.

Imiter l'arrangement de la Cour de Prusse, seroit aussi loüable qu'il est impossible & jamais à souhaiter pour le bonheur de l'Allemagne, de la copier dans son militaire; & qui voudroit se regler uniquement sur elle dans la partie des finances, s'exposeroit à faire plusieurs essais ridicules d'où il ne resulteroit d'autre profit que celui qu'on se promet d'un champ préparé par des moyens artificiels, dans l'esperance qu'il portera le double de ce qu'il a rendu depuis la création du monde. La terre est assez féconde pour soutenir deux ou trois ans cette expérience; mais elle s'en lasse dans la suite & s'y refuse.

Sans entrer dans le détail de ce sistéme qui peût aggrandir les Monarchies & appauvrir les petits états, je ne ferai que crayonner les suites qu'il peut avoir sur la façon de penser d'un Souverain.

Je commence par la personne même. Le gouvernement militaire pose pour principe, qu'un Prince doit servir, c'est à dire qu'il doit être un bon soldat.

ſoldat; maxime très-utile dans une Monarchie. L'oiſiveté des Princes y eſt la ſource de mille troubles ou excès ; la France n'en a que trop fait la triſte expérience. L'eſprit leger de cette nation veut toûjours être occupé, & ç'a été ſouvent, quoiqu'on ne l'ait jamais allegué le vrai motif, qui a engagé cette couronne à commencer la guerre, à deſſein d'amortir par cette eſpece de ſaignée le ſang trop bouillant de ſes peuples. C'eſt un principe généralement reçu en France que celui de la Nobleſſe militaire ; un jeune homme de condition n'y ſeroit pas regardé s'ils n'avoit fait quelques campagnes. *Frederic Guillaume*, Roi de Pruſſe, pour faire prendre le gout du militaire & des finances à la Nobleſſe de ſon païs, commença par l'inſpirer aux Princes de ſa maiſon ; ce ſera probablement deſormais une maxime héréditaire dans cette Cour, du moins ne la changera-t-elle pas de nos jours.

Il en eſt tout autrement des Cours où l'on a également adopté ce ſiſtéme. Comme mes réflexions ne roulent que ſur les Princes deſtinés à regner, ſans parler des cadets, je citerai ſeulement quelques ſuites qui en reſultent, ſuivant que l'expérience nous l'apprend à leur égard.

Je n'examine point, s'il eſt avantageux, qu'un Prince héréditaire, qui vraiſemblablement ne parvient qu'après une longue ſuite d'années au gouvernement, faſſe pendant ſa jeuneſſe quelques pas dans la carriere des héros. Il y voit de l'ordre & de la ſubordination ; il y apprend à obeïr & à obeïr ponctuellement, il s'y accoûtume à avoir des égards & du reſpêt pour des perſonnes, qui, quoique d'une naiſſance inferieure, ſont cependant au deſſus de lui par leurs poſtes

ſtes & leurs ſervices; il y prend de la politeſſe pour ſes égaux; enfin c'eſt un moyen plus efficace que toute la morale, pour dompter cet orgueil national qu'on reproche aux Princes & aux Seigneurs allemans.

Mais ſi un Prince reſte dans le ſervice jusqu'à ce qu'il parvienne à la regence, ſi alors il y demeure, ce qui lui fait negliger de s'inſtruire de bien d'autres devoirs plus eſſentiels pour un Souverain; il ſe fait imperceptiblement à cette façon de commander propre au militaire, & qui par tout ailleurs n'iroit pas; il prétend, que ſes Miniſtres, ſes Conſeillers & ſes ſujets lui obeïſſent aveuglement, ſans replique & réflexion, comme il l'exigeroit de ſes ſoldats dans une tranchée ou un jour d'aſſaut. (g)

L'exactitude qu'on peut & qu'on doit exiger d'un ſubalterne dans le militaire, & le caprice raiſonnable d'un Général, vis à vis duquel un inférieur n'oſeroit avoir l'eſprit d'examiner, ſi ſes ordres ſont bons & ſenſés, mais qu'il doit au contraire exécuter promptement & ſans replique; toutes ces choſes influent ſur un Souverain, qui, nourri de ces idées & elevé pour ainſi dire avec elles jusqu'au moment où il parvient à la regence, devient un maitre dur, aigre & inſupportable à ceux qui doivent travailler avec lui ou ſous ſes ordres ſur des matieres, qui dependent ſouvent bien moins de la volonté que d'une longue, mûre & prudente réflexion, d'un renverſement reïteré de plan, d'un examen de tous les argumens contraires &c. & où il ne ſuffit pas d'entre-

(g) Les Rois n'ont jamais tort, & c'eſt s'emanciper
Que de croire un moment qu'ils pourroient ſe tromper.
C. de Baar.

prendre quelque chofe au hazard, au risque de voir en fuite avec indifference, comme dans une bataille, fi par là quelques milliers d'hommes ont été malheureux ou non.

Cette façon de penfer entraine naturellement une précipitation très préjudiciable dans le maniment des affaires. De tels Princes s'imaginent qu'un païs fe gouverne comme on fait manœuvrer un regiment à la parade. Ils ne diftinguent pas la différence qu'il y a entre le travail de tête d'un Miniftre & les peines fouvent toutes machinales d'un Officier. Tout, ainfi qu'à l'exercice, doit s'exécuter par 1. 2. 3. & comme cela ne peut aller, ni n'ira jamais, il en refulte mille peines & embarras mutuels pour le Maitre & fes Miniftres.

Comme à la guerre la force fert de droit, & que fouvent un brave Général eft obligé, foit par les ordres qu'il a, foit par neceffité de faire bien des chofes qu'il ne feroit pas de lui-même, il arrive de là que dans une longue fuite de campagnes les tendres & aimables fentimens d'humanité s'eteignent imperceptiblement, & l'ame contracte une certaine dureté dont on a peine à fe defaire le refte de fa vie, à moins d'être né avec un excellent caractere. Toutes les parties du gouvernement s'en reffentent. Un Prince a-t-il la moindre difpute avec fes voifins, il la veut vuider fur le pied militaire, il commence par où un autre auroit fini. Ses Miniftres ont beau lui faire des repréfentations, il veut etre obéï; il pleut fur lui une nuée de mandemens fans claufe, de refcripts & de decrets, il s'en moque, & il y eft auffi tranquille qu'au bruit du canon. Il tourmente fon païs & fa chambre de finances par mille demandes

exor-

exorbitantes; on lui fait remontrances ſur remontrances, ce n'eſt pas à eux de raiſonner; l'ordre eſt donné, il y a réflechi, il faut obeïr ſous les menaces les plus affreuſes. Il prend tout ſur ce pied: *je ne me laiſſe gener en rien;* il regarde tous ceux avec qui il a affaire comme une ſorte d'ennemis, & à ſon tour il ſe montre tel vis à vis d'eux.

Tous les maux qu'on voit journellement à la guerre, endurciſſent & rendent inſenſible à la misère, au beſoin & aux calamités de ſes propres ſujets. Comment feroit-il poſſible ſans cela, qu'on les traitât auſſi durement, je dirai même, en vertu de la liberté germanique, auſſi tiranniquement qu'on le fait dans quelques provinces de l'Empire (h)?

Ces manieres du Souverain ſe repandent inſenſiblement ſur tous ceux qui ſont employez à ſon ſervice, & toute la methode de traiter les ſujets prend une telle forme, que les Princes ne connoiſſent plus que les mots de grandeur & de petiteſſe; ils meſurent tout ſur cette premiere qualité, & s'imaginent, que tout ce qui s'en éloigne eſt vil & doit être conſideré comme empietant ſur leur grandeur; mais nous avons un mot ſi doux à placer entre ces deux extrèmes, qui s'appelle Bonté (i). Vertu que l'on cherche envain dans un païs gouverné ſur des principes militaires.

Encore une autre remarque, que je ne peux paſſer ſous ſilence. Dès qu'un Prince a la paſſion du militaire, il ſe forme l'idée que la grandeur d'un Souverain

(h) Infelix, cujus in poteſtate eſt, tantorum animas a morte defendere & non eſt voluntas. *Ambroſius.*

i) Lettres du Comte *de Teſſin*, 2 part. p. 275.

verain se mesure sur le nombre de troupes qu'il entretient; pour lors il epargne sur lui même, sur sa femme, sur ses enfans, sur sa table & sur sa garderobe. On rogne les gages des domestiques, on diminue les recompenses duës au merite, & il n'y a que les dépenses qui concernent le militaire, qui ne soient jamais de trop. On regarde comme un attribut de la puissance souveraine, de pouvoir convertir tous les revenus, qu'on peut epargner, en armes, & chaque nouveau né en soldat. Il est vrai qu'à .... on auroit mieux fait, à la place de tous ces animaux rares & précieux qu'on voyoit à l'opera, d'acheter des chevaux de Dragons, & l'argent auroit été bien mieux employé à entretenir les troupes qu'on a reformé, qu'à ces excés de délicatesse & de luxe impardonnables, qui ont couté des sommes immenses. Mais il y a peu de Princes dans l'Empire qui se trouvent réduits à cette triste extrémité. C'est leur bon plaisir, s'ils ont peu ou beaucoup de troupes; encore peut-on dire de la plus part, qu'ils en ont trop pour le badinage & trop peu pour le sérieux. Un pied médiocre de troupes, proportionné aux forces d'un païs, est conforme à l'état actuél de l'Allemagne & ne fait jamais de tort aux sujets; mais quand on veut entretenir à la fois armée, équipage de chasse, comédie, opéra & maitresses, quand on veut vivre & bâtir splendidement, enfin quand on ne se refuse rien de tout ce que peuvent avoir les plus grands Seigneurs, Dieu benisse le païs où regne un tel Prince.

La politique tient à ce sujet un langage bien different. Sans troupes, dit-elle, on ne jouë aucun rôle dans le monde, on ne peut songer ni à faire des alliances, ni à s'aggrandir. Les Princes d'Empire se sont toujours trouvés bien des traités de subsides

ſides, & il eſt des païs où il ne ſeroit abſolument plus queſtion de commerce, ſi le trafic des hommes ne s'y faiſoit encore. Je parle en bon patriote, & ſous ce titre je demande au politique, s'il peut me nommer un païs qui ait tiré des avantages réels d'un traité de ſubſides? A qui donc un Prince doit-il plus? à ſoi même ou à ſon païs?

Il y a peu d'art à faire ce qu'on veut: mais qu'il eſt grand pour un Souverain, de ne faire que ce qu'il doit (k)! Helas! qu'on en trouve peu qui ſoient dans ce cas!

* * *

Je me livre à un panchant que je devrois reprimer à la vuë de tant de magnifiques ouvrages qui traitent des devoirs des Souverains, en voulant peindre ces devoirs par des traits nouveaux. Ces hommes intégres ont alors écrit pour leur ſiecle & ſous leurs Maitres; j'écris pour mon ſiecle & ſous mon Maitre. Ils ont penſé & vu; je m'imagine auſſi que je penſe, & j'en dis peut-être trop ſur ce que je vois. Puiſſe ſeulement la poſterité ne jamais méconnoître en moi un cœur patriotique! pour la reconnoiſſance de mes Contemporains, j'y renonce de bon cœur.

* * *

Oſeroit-on bien encore dans ce Siecle pervers hazarder autrement que ſur un morceau de papier avanturé, de dire en face à un Souverain & avec eſperance de faire impreſſion ſur lui: *Prince, reſpectez la voix de Dieu & de la conſcience?*

Nos premiers Princes n'ont jamais décliné ce ſupreme Tribunal. L'Empereur *Matthias* fit répondre l'an 1613. aux Miniſtre des Puiſſances proteſtantes: "que Sa Majeſté Imperiale ſe conduiroit de façon

(k) Lettres du Comte *de Teſſin.*

façon qu'elle pût rendre compte à Dieu aux Etats & à la diéte de l'Empire, de l'administration de la justice & de l'autorité qui lui avoit été confiée.„

Il faut bien que ce n'étoit pas alors par simple sentiment de parade, mais par conviction, que l'Empereur tenoit ce langage, puisque le fameux Conseiller d'Etat, *Zacharie Geitzkofler*, dans une réflexion addressée à ce sujet au Cardinal *Clesel*, luy dit: (l) "qu'il ne se departiroit jamais de ses anciennes maximes, pour adopter celles qui au mépris de toute consideration politique ne tendoient qu'à se donner de la tête contre le mur & qu'à rendre la conscience d'un Prince si timorée, qu'il devroit plûtôt risquer la perte de son païs.„ Et à la fin il marque encore: "& je supplie Votre Reverence, de lire avec attention la préface du sage *de Thou* à l'histoire qu'il a dédiée au feu Roi de France, & elle y trouvera à refuter amplement les objections contraires & les impressions sinistres de ceux qui dans la direction politique ont des consciences si étroites, qu'ils veuillent changer les Princes *præter intentionem & votum* en Capucins & leur prêcher la pauvreté volontaire.„

Ces plaintes ne regardent pas notre Siecle, les consciences se sont élargies; ce mot est d'ailleurs à la plus part des Cours un Solécisme politique; peutêtre croit-on même par ci par là que le privilege de ne plus s'embarrasser de la conscience est tacitement joint à celui *de non appellando*.

Nous avons encore, il est vrai, d'un fameux politique (m) *ideam principis Christiani*, le politique Chrê-

(l) *Londorp* T. 1. p. 181. sq.
(m) Saavedra.

Chrêtien, & beaucoup d'autres livres où l'on pourroit puiser des instructions; mais qu'est ce? si non un roman Chrêtien dont nous ne trouverons jamais l'original. Tous les gens de bien disent Amen, lorsque le respectable Comte *de Tessin* dit à son Serenissime Eléve (n):

„Que jamais un Prince n'expose sa conscience à „l'alternative d'un *oui* ou d'un *non*, & que jamais ses „desseins ne soient si equivoques que la foule eton„née demande pour ainsi dire: „Se pourroit-il, que ce„lui que nous appellons notre maitre, notre chef „& notre defenseur, eut le cœur & la conscience de „commettre quelque chose d'injuste?„ Rien de plus „facile que de voir une ou même plusieurs person„nes devenir l'innocente victime du trop grand pou„voir; mais leur sang, ainsi que leur infortune, crie „vengeance dans tous les cœurs.„ Puissions-nous un jour voir reduire en pratique au Roi *Gustave*, ce dont il a paru convaincu comme Prince, & que jamais il n'approche de son trône de ces ames empoisonnées qui lui donnent le pernicieux conseil que le Cardinal de Richelieu laisse à son Maitre dans son Testament politique (o): "*La devotion, dit-il, qui est nécessaire aux Rois, doit être exempte de scrupule. Je le dis, Sire, parceque la délicatesse de la conscience de V. M. Lui fait souvent craindre d'offenser Dieu en faisant certaines choses dont assurement Elle ne sauroit s'abstenir sans péché . . . Je La supplie en cette considération de vouloir se fortifier de plus en plus contre les scrupules, se remettant devant les yeux qu'Elle ne peut être coupable devant Dieu, si Elle suit l'avis de Son Conseil.*„

Ce

(n) Lettres du Comte *de Tessin* 2. Part. p. 247.
(o) Testament politique, T. 1. p. 212.

Ce qui me remplit d'inquiétude ſur ce point, c'eſt ce ſiſtéme qui gagne tous les jours de plus en plus & que l'on ſoutient même hautement: qu'un Prince n'eſt reſponſable qu'à Dieu de ſes actions. C'étoit autrefois le langage des Rois, mais aujourdhui la confiance qu'on a dans la liberté germanique, en a fait auſſi celui des plus petites Cours.

Nos Princes croïent gagner à cette ſentence. parcequ'elle ferme la bouche aux ſujets intimidés, comme ils ferment les oreilles à leurs repréſentations; mais ils n'abuſeroient pas de ces paroles ſi ſignificatives s'ils en comprenoient le ſens, la force & l'étendue. Un Prince qui a coûtume de recourir au triſte remede de prendre Dieu pour juge entre lui & ſon peuple, ne dit autre choſe que ce qui ſuit: je ne prétens de vous ni confiance ni applaudiſſement; je ſais que vous avez ſujet de blamer ma conduite; je ne veux pas le ſavoir, & je ne m'abaiſſerai pas à vous faire des excuſes, parceque je ſai d'avance, que vous ne les trouverez valables; obeïſſez, c'eſt vôtre unique devoir; vous fais-je du tort? portez vos plaintes à Dieu; avez vous des remontrances à faire, faites les à Dieu, qui ſeul eſt juge de mes actions.

Oui il l'eſt, & ce juge tout-puiſſant de tous les Souverains le montrera, lorsqu'un jour il vomira dans ſa colere les mauvais Princes, & qu'accablés de chaines, il les fera jetter dans les ténebres éternelles.

Ces pretendus péres de la patrie qui ſont enflés de la paſſion de dominer, & qui pour un vil argent, qu'ils reçoivent de l'étranger, immolent leurs propres enfans, ne s'entendent point précher une pareille morale ni des laches flateurs qui infectent leur Cabi-

Cabinet, ni de leurs prédicateurs, quoique ces derniers ſoient les ſeuls qui ayent conſervé le privilége de dire la verité. Il y a près de cent ans, qu'un grande Reine fut obligée de ſe l'entendre dire en préſence de tout le Senat. " CHRISTINE (p), comme le rapportent ſes memoires, *différant de renvoyer* BOURDELOT, (homme qui auroit pu figurer parmi les Miniſtres du Cabinet à . . . .) *y ſut portée à la fin par un ſermon du Chapelain* ERIC, *qui en préſence de tous les Sénateurs dit à la Cour: que Dieu évomira un jour tous les mauvais regnans . . . . ce qui émut & ébranla la Reine.*"

Peut-être ne prens-je jamais le monde que de ſon mauvais côté? je me le reproche moi même, & je m'éfforce de le conſidérer dans ſon beau; mais j'en reviens toûjours à conclurre, que le mot du guet des Cours & des Miniſtres eſt encore l'ancien proverbe d'Euripide, qui dit: *Si violandum eſt jus, regnandi gratia violandum eſt: aliis in rebus pietatem colas.*

* * *

Que mon zéle ne m'emporte pas au point de méconnoitre le peu de Princes que nous pourrions encore citer comme le modelle des bons Souverains! & que je n'aille pas juſqu'à nier, à la honte du Chriſtianiſme, qu'on puiſſe rendre heureux ſes peuples & les gouverner avec honneur, ſans bleſſer ſes devoirs envers Dieu & la conſcience!

Je penſe ſi différemment, que c'eſt avec joye que je ſoutiens qu'un Prince n'eſt veritablement grand, heureux

(p) V. Memoires concernant *Chriſtine*, Reine de Suede, T. I. p. 242.

heureux & aimé, qu'autant qu'avec un cœur convaincu de la force de la religion il met son espérance en Dieu & compte sur sa bénédiction, son aide & son secours, pour bien gouverner ses sujets.

Envain l'impie railleur m'objectera, que c'est bien là pour un Prince le moyen de se sauver, mais pas celui de s'aggrandir & d'accumuler des richesses. Cela se peut, mais passe, s'il n'en resulte pas de plus grand mal. Qu'on jette au contraire les yeux sur les Cours qui se conduisent par les subtilités de la politique la plus frauduleuse; quel est à la fin le fruit de ces maximes peu scrupuleuses? Leur sort que tôt ou tard elles ne peuvent éviter, les mortifications les plus amères, les coups qu'on leur porte à la face de l'univers & où on leur paye au double toutes les injustices qu'elles ont commises, les tourmens interieurs d'un esprit orgueilleux qui voit toutes ses esperances tomber en poussiere; ce sont généralement là les châtimens que l'on tache envain de colorer du nom de mesures mal réussies, de vicissitudes du sort dans le cours du monde & qu'on a peine à soutenir avec une fermeté semblable à celle de Pharaon.

Le Prince de .... a un héritage à partager avec un de ses Cousins moins puissans que lui. Comme il est le plus fort, son indigne Chancelier s'en forme un droit de se mettre en possession de toute la succession. Après maintes injustices on s'accommode; on ne songe ni à bonifier les pertes, ni à rembourser les usufruits injustes qu'on a perçûs; on grapille outre cela où l'on peut, le plus foible doit ceder, à moins de vouloir tout perdre. Le Prince sait bien qu'il fait mal, son honnêtte Ministre laisse de tems à autre echaper le mot de conscience, mais c'est à pure

pure perte. Cette conscience est déja si surchurgée, qu'une couple de quintaux de plus ou de moins n'y fait rien. Deux ans après arrivent les Russes, les Turcs ou les Perses, (q) que ç'ait été les uns ou les autres, cela revient au même; ils emportent cet argent mal acquis avec cent pour cent d'intérêt. Le pauvre Cousin auroit du moins reçu avec reconnoissance le peu qu'on lui auroit offert, mais la moindre somme étoit toujours trop pour lui; l'ennemi renverse & vuide tous les tiroirs, il prétend encore que celui dont il vient de piller la maison, lui sache quelque gré de ne lui avoir pas arraché l'habit de dessus le corps; on ne peut pourtant pas donner cela pour une marque de bénédiction.

* * *

J'approche plus de mon but par des remarques plus précises.

Tous les Souverains se parent du titre de Princes regnans, mais il s'en faut autant qu'ils le soient tous, qu'il s'en faut, que tous ceux qui sont peints en cuirasse, soient des héros.

C'est un de nos devoirs essentiels vis-à-vis de nous mêmes & une grace particulière de Dieu, d'apprendre & d'être convaincus de notre vraye vocation; de savoir à quoi proprement nous sommes appellés dans ce monde; & si nous avons reçu de la providence les talens & les dispositions nécessaires. Que de desordres & de folies n'éviteroit-on pas par là? Les grands paroissent dispensés de cette loi, car qui est né Roi ou Prince, apporte naturellement sa destination avec lui, soit qu'il soit fait pour le monde, ou le monde pour lui, comme un chacun le trouve.

(q) Memoires pour servir à l'histoire de Perse.

Dans le fond les Rois & les Princes ſont auſſi obligés à chercher à ſe connoitre. Un Souverain qui ſent tous les jours la foibleſſe de ſes lumières, n'eſt-il pas obligé d'y ſuppléer par le choix d'un bon Conſeil, plutôt que de vouloir copier ridiculement un *Alexandre*, un *Louis* quatorze, ou bien un *Frederic* le grand? Je ne dis pas pour cela, que renonçant à toute idée de bon ſens, il faille ſe laiſſer mener en enfant par des promenettes d'or, comme Louis treize à qui Madame de Motteville (r) rend ce temoignage: "*N'ayant pas le courage de s'en ôter lui meme, il falloit qu'il haït & qu'il aimât tout ce qu'alors le Cardinal de Richelieu lui ordonnoit ou d'aimer ou d'haïr;*" ce qui produit à la fin des ſouhaits auſſi vains que ceux que rapporte cette Dame de ce Monarque: „*on diſoit, que le Roi & le Cardinal attendoient à qui mourroit le premier & que chacun de ſon coté faiſoit de grands deſſeins pour le reſte de ſa vie. Le Roi avoit deſſein de gouverner lui-même ſon Etat; & le Cardinal faiſoit des projets dignes de ſon ambition.*"

Mais c'eſt une choſe une fois decidée: que qui ne ſait pas regner par lui-même, doit le faire par d'autres; malheureux le païs, dont le Souverain veut porter ſeul le poid du gouvernement ſans en avoir la force! malheureuſe la maiſon, dont le maître dans la crainte d'être gouverné, ne veut écouter conſeil de perſonne! malheureux enfin le païs dont le Prince a toutes les qualités réquiſes au gouvernement, s'il en vouloit faire uſage! Trois fois heureux le Prince & le païs, lorſque le Souverain quoiqu'avec tous les talens & les diſpoſitions néceſſaires pour bien gouverner, ne forme cependant jamais aucune entre-

(r) Dans ſes Memoires pour ſervir à l'hiſtoire d'Anne d'Autriche. T. I. p. 104.

entreprise sans prendre conseil, frappé moralement de cette verité physique, que deux yeux voient plus plus qu'un; qui d'esprit médiocre s'éléve au rang d'esprit sublime, lorsqu'il a assez de discernement pour s'associer au timon des affaires des gens du premier merite. Qu'il me soit permis d'appuyer mes idées du sentiment d'une Dame du premier rang, qui a joüé un assez beau rôle dans le plus grand monde, pour voir de près & apprendre à connoître à fond les Souverains (s): "Il est facheux, quand on „est jeune, d'être trop souverain: mais l'on n'a ce „regret que lorsqu'on a trente ans: pendant que „l'on est jeune, il n'y a rien de si doux que la li„berté & de ne rien apprendre. Cette liberté fait „passer après de méchantes heures: & quelques ri„ches que soient les Etats, on ne peut racheter le „tems que l'on voudroit avoir employé à appren„dre ce que les gens médiocres savent. La Science „est fort avantageuse à tout le monde & même plus „aux Grands qu'aux autres. L'ignorance rend les „Grands incapables de gouverner, quand ils ont „beaucoup d'esprit & qu'ils connoissent leur incapa„cité; la crainte de se commettre mal à propos, fait „qu'ils se reposent sur les autres, & cette habitude „se tournant en nécessité, ils se laissent gouverner. „Ce qui m'étonne c'est que l'on ne se corrige point „sur les défauts d'autrui, & que ceux qui blament „plus les autres, donnent dans ce panneau! J'en „parle fort hardiment: Je sens bien que je ne tom„berai jamais; je ne sais pas si je serai en état de „gouverner; je sens cependant que je ne suis pas „d'humeur à négliger ce, dont je croirai d'être obli„gée de me mêler par mon honneur & ma conscience: „& quelque confiance que je puisse avoir en ceux qui

(s) Memoires de Montpensier. T. 4. p. 222.

„qui me ſerviront, j'aimerai mieux qu'ils ayent des „lumieres par moi,que d'en emprunter d'autrui pour „m'éblouir, & je ne m'en ſervirai que pour m'ai- „der à voir plus clair.„

* * *

Qu'un Prince à ſon avenement au trone ne change pas aiſément de ſiſtéme; il faut pour cela être bien ſûr de ſon fait. Mais s'il trouve l'ancien gouvernement tout à fait mauvais, s'il ne voit pas les moyens d'en corriger les abus, que dès ſon entrée à la regence il travaille à le reformer. Car à chaque nouveau regne les eſprits ſont préparés aux maux qu'entraine le changement, & par conſéquent les obſtacles ne ſont jamais ſi grands. Il faut néanmoins avoir la précaution de ne donner ſon plan que comme un projet, crainte de tomber dans la tentation de ne ſuivre que ſon caprice, & pour ſe conſerver la liberté de pouvoir avec honneur faire ce qui vaut mieux, & ajouter ou diminuër ſuivant qu'on trouve que la choſe eſt meilleure & plus utile.

* * *

Il eſt de la derniere conſéquence pour un Prince de donner d'abord de lui-même une idée avantageuſe, quand bien-même elle ne ſeroit pas relevée. Les prémiêres impreſſions ſont les plus vives & durent le plus. Si un Général eſt heureux dans ſa premiere campagne, il peut après, ſans que cela lui faſſe tort, eſſuyer un échec; mais debute-t-il par être battû, on le mépriſe, juſqu'à ce que par un coup d'éclat il ait retabli ſa réputation.

Ceci eſt ſurtout abſolument néceſſaire, dans les Cours qui jusques-là n'ont pas donné d'elles un préjugé avan-

avantageux (t). On peut aiſément faire changer d'opinion au public & on devient auſſi facilement le modelle des autres, que l'on étoit auparavant l'objet de leur critique & de leur mépris.

Il faut du courage pour entreprendre avec vigueur une route ſi longue & ſouvent peu battue; le choix des moyens la rend plus facile, & avec du tems & de la patience on parvient à l'achever.

Pluſieurs tendent au même but, & un ſeul y parvient. On pourroit donner un gros volume de tous les beaux projets des Princes héréditaires; ſi on en avoit ſeulement executé la dixieme partie, nous verrions renaître le ſiecle d'or en Allemagne; doit-on dire que ce n'étoit pas leur ſérieux? Oui ſûrement, ce l'étoit; mais autre choſe eſt de faire un plan, & autre choſe de l'exécuter; exécuter un projet difficile, ſans ſe rebuter, & en venir à bout, n'eſt pas l'affaire de tout le monde. L'intention eſt ſouvent des meilleures, il ne leur manque que les moyens & la main d'œuvre, c'eſt à dire des perſonnages habiles & intégres, ſans lesquels tout ſe borne à des vœux ſtériles & peu après on reprend l'ancien train; ſouvent même on fait encore pire.

Quand bien même on ſuppoſeroit la bonne foi, ce qui néanmoins eſt encore une queſtion, à ces bonnes gens qui aident à éclairer & à découvrir les défauts du regne précédent, ils ne ſont pas toûjours les

(t) Le Cardinal *de Richelieu* diſoit à *Louis* XIII. „Pendant „le regne de Vos prédéceſſeurs toutes choſes ont été en „confuſion depuis la Cuiſine jusqu'au Cabinet.„ Teſtament polit. T. I. p. 27. & il a tenu parole en rémédiant à tous ces deſordres.

les plus capables pour debarraſſer les vieilles décombres & élever un nouveau batiment.

Rien de ſi aiſé que de critiquer, rien de ſi difficile que de faire mieux.

Qu'un Prince héréditaire (u) eſt un perſonnage cheri! Qu'on a d'impatience de le voir regner! Le penchant naturel qu'on a au changement, l'eſperance de tems plus heureux (les péres des Princes héréditaires d'aujourd'hui l'ont eprouvé) fait qu'un chacun les porte mollement ſur le trone vacant. Heureux celui qui ne ſe place pas à côté; mais vraiment grand celui qui peut pleinement le remplir!

Chacun ſe flatte de voir enfin l'epoque de ces tems heureux eſpérés & promis. Il y a auſſi de nouvelles roues dans la nouvelle montre; ſans doute elle ira mieux.

Mais ordinairement toutes ces magnifiques eſperances ſe bornent à ſe vanger de l'un ou de l'autre, ſans remédier aux anciennes fautes. Ce ſont toûjours les mêmes vices, ce ſont ſeulement de nouveaux acteurs qui jouent un nouveau role, ou bien on néglige une choſe bonne en ſoi même, à cauſe des abus qui en reſultent, ou on jette l'enfant en vuidant le bain, & on fait le mal plus grand qu'il n'eſt, pour ſe faire valoir davantage, comme certains médecins, qui, pour ſe faire honneur d'une belle cure, different à fermer une playe.

A une certaine Cour le Prince héréditaire s'étoit apperçu, que pendant la nuit on emportoit ſourdement

(u) Un Dauphin de France n'a jamais tort aux yeux du peuple. Memoire de *Maintenon* T. IV. p. 157.

ment du vin des caves de la cour; il avoit beau crier contre ces vols furtifs, c'étoit envain. Son favori lui faisoit à croire que cela venoit de ce qu'il n'y avoit point de grand-Echanson; à peine fut-il parvenu à la regence, que son premier trait d'autorité fut de remplir cette charge; on prit pour cela, après y avoir mûrement réflechi, un homme qui n'aimoit pas le vin; on lui donna seize cent florins d'appointemens, bouche en Cour & du fourage pour deux chevaux. Rarement un Cavalier refuse quelque chose à un autre, quand cela se fait aux dépens du Prince; ce n'est plus la nuit qu'on va chercher le vin, c'est en plein jour & avec un billet de Monsieur le Grand-Echanson. Cette prétendue amélioration coute au Prince cinq mille florins par an, tandis que ce qu'on lui voloit à la derobée alloit à peine à cinq cent.

Un Prince héréditaire a poussé maints soupirs, en considerant les sommes énormes que son pére a dépensé avec ses maitresses; il se promet bien de ne jamais causer un pareil scandale à son païs; mais en revanche il donne toute sa faveur à un panier percé, qui, maître de son cœur, le devient bientôt de ses trésors & de la fortune de ses sujets, qui en peu de tems cause plus de dégat que toute une armée, & qui dans un an fait plus de dépense que toutes les maîtresses du Souverain; qui enfin réduit son maître dans le dernier besoin, l'expose au mépris public & précipite ses sujets dans l'état le plus déplorable.

* * *

Que jamais un Souverain ne méprise l'amour de son peuple; il est beaucoup plus efficace que la force. Il acquerera cet amour & le conservera, s'il fait voir à ses sujets, qu'il les gouverne non par la crainte comme des esclaves, mais en gens libres,par le bon sens, & si dans le maniment des affaires il se dirige moins par un aveugle caprice que par des principes dont la solidité est généralement reconnue des meilleurs têtes de ses états.

Je ne sais qu'emprunter dans ce qui suit les paroles d'un grand Ministre d'une sagacité & d'une prudence consommée (x):

„Un Prince qui veut être craint de tout le monde, „craint aussi presque tout le monde à son tour. „Nous ne manquons pas nous autres particuliers de „gens qui nous avertissent de nos défauts, ce que je „regarde comme un vrai bonheur pour nous. Car „j'abhorre au suprème dégré la flaterie; mais elle „est par malheur si généralement en vogue, que rarement les Souverains & les Grands sçavent s'ils „sont aimés ou non dans leurs païs. Si je savois le „moyen d'apprendre avec certitude ce secret si pré-„cieux, j'en ferois présent à Votre Altesse Royale, „& croirois lui donner une des plus fortes preu-„ves de mon respectueux attachement. Tout ce „que je peux Lui conseiller pour le présent, c'est de „s'examiner scrupuleusement Elle-même, car dês „qu'un Prince sent des remords de conscience, ou „dès qu'il a le moindre sujet de se reprocher inté-„rieurement quelque chose, il peut être sûr, que la „cause en est déja publique dans le païs, & que, „semblable à une trainée de poudre, & avec la „promptitude d'un éclair, elle s'est répandue dans „tous les environs: à peine mille actions éclatantes „peuvent-elles effacer dans l'esprit du peuple une „seule faute qu'aura commise un Souverain. V. A.

R.

(x) Lettres du Comte *de Tessin*. 2. Part. p. 16.

„R. ſera conſequemment toûjours Son juge le plus „ſévére; c'eſt ainſi, Monſeigneur, que Vous ſerez „toute la vie en ſureté contre les jugemens ſouvent „muets, mais toujours importans, qu'on peut por- „ter de Vous (y).

„Malheur aux Princes qui au fond de leurs bril- „lans Palais trainent une conſcience ſâle & ſouillée; „qui obſcurciſſent leurs appartemens de l'haleine em- „poiſonnée de l'injuſtice, & qui ſont presque toû- „jours dans le cas déſagréable, de rougir vis-à-vis „de ceux dont ils ont fait le malheur (z).

„Un Roi ne ſeroit pas homme, ſi comme nous „il n'étoit ſujet aux foibleſſes humaines; mais il „peut employer les mêmes remedes & les mêmes „moyens, pour les éviter, que nous autres ſimples „mortels; c'eſt à dire un généreux repentir, un „aveu ſincere & ſurtout une réparation exacte de „tous les torts qu'il peut avoir faits au moindre de „ſes ſujets (a).

„Rarement un Prince s'apperçoit-il, quand & pour- „quoi il perd ſa bonne renommée. La plus grande „partie de ſes ſujets s'incline toujours auſſi profon- „dement devant lui qu'avant de l'avoir perdue. Per- „ſonne ne veut ſe hazarder volontiers à lui decou- „vrir une verité ſi odieuſe, mais la poſterité retrou- „vera ces livres conſacrés à la verité qu'un monde „adulateur n'a oſé ouvrir (b). „

Puiſſe

(y) Lettres du Comte *de Teſſin*, 2. partie p. 11.
(z) Le même livre, p. 134.
(a) Ibidem p. 166.
(b) Ibidem p. 226.

Puiſſe la providence accorder à ce Vieillard reſpectable qui a ſu rendre avec tant d'élégance des penſées ſi ſublimes, des jours heureux & ſérains dans une vieilleſſe auſſi tranquile qu'elle eſt pleine de gloire, & puiſſe-t-il être un jour couronné de la recompenſe des juſtes dans la jouiſſance de tous les fruits d'une auſſi brillante carrière!

* * *

Qu'un Prince préfére toujours ſes devoirs à ſes droits. On ne peut ſe pleindre à perſonne, ſi, au lieu de gouverner tranquilement ſon païs, un Souverain s'occupe plus volontiers à la guerre; on n'oſe murmurer, s'il préfére ſes chiens à ſon Chancelier; & il faut patienter, ſi ſa maitreſſe, un peintre étranger ou ſon tour l'empéchent pluſieurs mois de ſuite de ſouſſigner des papiers qui devroient l'être; mais peut-on l'en louer? Il reſte toujours aſſez de tems à un Prince pour ſes plaiſirs & ſon répos, & perſonne ne lui fera un crime, ſi, comme ce Roi dont la grandeur inſpire de la jalouſie à de plus grands, il ne peut à la fois faire la guerre, gagner des batailles, gouverner ſon Royaume, s'appliquer à la lecture, compoſer lui-même des ouvrages, écrire maintes lettres, jouer de la flûte, faire de grands voyages, & être préſent par tout. Mais qui voudroit s'immortaliſer dans l'hiſtoire de ſon païs dans le goût du Duc *Henri* de Saxe, dont *Bernard Freidinger*, ſon ſujet, parle ainſi (c): « Le Duc *Henri*, dit-il, qui avoit toujours aimé les voyages, fut bien content de celui-ci; mais ce qui l'impatientoit, étoit la quantité d'affaires qu'il trouva, & toutes les lettres qu'il reçût, ce à quoi il n'étoit pas acoûtumé; auſſi diſoit-

(c) Dans l'hiſtoire de Saxe de *Glafey*, p. 121.

ſoit-il ſouvent, que ſi cela devoit durer long-tems, il aimeroit mieux être demeuré à Freiberg, ſon appanage, ſur tout lorſqu'il s'agiſſoit de ſigner des lettres, ce qui cependant n'arrivoit que rarement & dans des cas de la derniere conſéquence, où l'on ne pouvoit l'en diſpenſer. Malgré cela néanmoins il étoit de mauvaiſe humeur, & diſoit: qu'il n'y avoit rien au monde qu'il ne fit plus volontiers que d'écrire. Je puis aſſurer avec verité que de ma vie je n'ai connu Prince qui écrivit avec tant de répugnance, auſſi n'ai-je jamais vû des lettres toutes de ſa main. Il n'en étoit pas de même du Duc *George* ſon Frére, qui a beaucoup écrit en latin & en allemand, ce qu'on pourroit encore trouver de nos jours. Enfin l'averſion du Duc *Henri* pour écrire alloit au point qu'il falloit le ſuivre à la piſte & bien prendre ſon tems pour lui faire ſouſſigner quelque choſe.„

On feroit certainement mal ſa cour en préſentant à ſon Prince l'épitaphe ſuivante, qu'un ancien poëte allemand avoit à juſte titre compoſé à l'honneur de ſon maître:

Cy git le Souverain un tel
Qui fut un aſſez bon model,
Dans ſa pompe & ſon vêtement
Ne ſuivit pas à tout moment
De la mode le changement;
Mais pour cela ſes bons ſujets
N'en furent pas plus ſatisfaits;
Il n'écouta point leurs clameurs,
Mais fut de plus ardens chaſſeurs,

Prit

Prit lapins, liévres & chevreuils
Et d'autres gibiers pareils,
Comme s'il eut été exprès
Fait le grand-maître des forêts,
Et que l'emploi fut un trésor,
Ou qu'avec Nabucodonosor
On l'eut au rang des animaux
Fait vivre avec chiens & chevaux,
Et non pas établi Seigneur
Pour gouverner avec honneur,
Pour maintenir justice & loix
Et pour protéger à la fois
Et le maître & le serviteur.

* * *

Un Prince ne doit jamais se départir des droits qu'il posséde comme maître de la maison, au point qu'il représente un personnage muet dans ses états & qu'il n'y soit considéré que comme un poteau de Douane.

Le Cardinal *Antoine Barberin* fut le premier qui inventa le nom de Cardinal-patron sous le Pontificat du Pape Urbain VIII son Cousin. Ce Pontife renvoyant le Duc de Parme au Cardinal-patron pour y discuter ses affaires, ce Prince, ne put s'empecher de laisser éclater son mécontentement & lui dit: "Saint Pére, je ne reconnois d'autre patron, que „Votre Sainteté!„

Un Pape qui n'est né ni élévé à la politique, est plus excusable, lorsqu'en pareils car il s'en répose sur ses Ministres.

Mais

Mais il eſt honteux pour quelqu'un né dans la pourpre, de faire ſervir ſon nom de ſimple porte-feuille, qu'il ouvre & ferme ſouvent, dont il tire les addreſſes pour les mémoires qui lui ſont préſentés, & les titres pour en orner le frontiſpice des réſolutions, ſans prendre part au contenu des uns ni des autres. Quelqu'un qui a le cœur bien placé, n'aura garde de lui parler d'affaire, pour lui ſauver l'humiliation de répondre: "Je ne ſais dequoi il eſt queſtion, mais vous ne ferez pas mal d'en parler à mon Chancelier." Un homme d'eſprit ne s'aviſera pas non plus de lui demander directement une grace, dans la crainte que le Grand-Chambellan, le Grand-Veneur, la maîtreſſe ou le favori comme il s'appelle, ne ſoient dans le cas de dire: "Puis qu'il ne s'eſt pas addreſſé prémiérement à nous, nous lui ferons voir, que quoique le Prince l'ait promis, il n'en ſera rien." Quelle honte pour un Souverain de n'en avoir que le titre!

Je fais encore plus de cas de ce Prince capricieux qui refuſoit d'accorder à ſon Miniſtre une grace qu'il lui demandoit, parcequ'il l'en preſſoit avec trop de paſſion, & qui differoit à diſpoſer d'un poſte, parceque ſon favori (car tous les Princes en ont, ſoit ſous un nom, ſoit ſous un autre) l'avoit déja promis; j'aimerois en verité encore mieux dans bien des occaſions, qu'un Prince me fit tort, que de camper baſſement vis-à-vis d'un mignon qui s'eſt élévé par une faveur ſoudaine, & de mandier lâchement près de lui la juſtice qui m'eſt duë.

* * *

Que jamais un Prince ne jouë le rôle de menteur ni de trompeur vis-à-vis de ſes ſujets, & qu'il ne ſouffre

ſouffre pas non plus qu'on abuſe de ſon nom, nom qui doit toujours leur être cher & reſpectable, pour les tromper.

Il en eſt de l'honneur & de la réputation d'un Prince comme de celle d'un particulier, quand elle eſt une fois perdue, c'eſt pour toûjours.

Il n'eſt pas, à la verité, permis à un ſujet de donner un démenti en face à ſon Prince, lorſque celui-ci, ſous prétexte d'avoir des mois romains, veut extorquer de l'argent du païs, argent qui, au ſu de tout le monde, eſt déja aſſigné pour appaiſer les murmures des agens de plaiſirs & de débauches de S. A. S. Doit-on rire ou pleurer, ſe fâcher ou regarder avec mépris, lorſqu'un vil penſionnaire, qui a pouſſé l'effronterie juſqu'à jouër le rôle de Miniſtre, aborde ces hommes reſpectables qui portent ſur leurs viſages les ſentimens d'amour & de zéle dont ils ſont penetrés pour la patrie, & qu'en menteur impudent il les entretient pendant une heure de choſes où il n'y a pas un mot de vrai, à l'exception des demandes que le Prince veut faire au païs.

J'ai été à même d'examiner de près dans pluſieurs provinces de l'Empire ce qui ſe paſſe aux Diétes (d); j'ai ſoupiré de voir comme on prophane le mot de cœur paternel pour ſon païs. Après avoir écouté les propoſitions des Deputés, le cœur paternel du Prince ſe fend de ſe voir obligé de faire de nouvelles demandes, lui dont l'unique plaiſir ſeroit de voir tous ſes ſujets riches & heureux. Sa ſeule conſolation eſt, que s'il exige de nouvelles contributions

(d) Les aſſemblées d'un Royaume exigent bien du tems & de la peine. Lettres du Comte *Teſſin*, I. partie, p. 129.

butions, c'eſt pour des beſoins indiſpenſables & dont dépend le ſort de l'état (e).

Après cette charlatanerie on commence à négocier; on parle aux Capitaines du païs, au Maréchal héréditaire, aux prélats, aux députés de la Nobleſſe & des villes, enfin à tout ce qui ſuivant les conſtitutions a entrée aux Etats, on les regale, on les anime, on les ménace, on les gagne; enfin à la pluralité des voix on réſout une nouvelle ſaignée dans tout le païs. La clôture des Etats ſe fait avec autant d'érudition qu'une oraiſon funébre, & le Miniſtre, avec ſes Courtiers, les Officiers de Cuiſine, de bouche & du gobelet, revient triomphant à la Cour. La Maîtreſſe & les favoris ſemblent reſpirer une nouvelle vie; ce n'eſt que joye. Les Chaſſeurs publient au ſon des fanfares ces bonnes nouvelles; cette celebre Chanteuſe qui depuis treize mois n'avoit pas touché un ſol, monte ſa voix comme une alouette; l'equipage de Chaſſe, que la Chambre & les Créanciers avoient menacé d'être detruit, partage cette allegreſſe, & tout le chenil aboïe de plaiſir; enfin tous les inutiles de Cour, ſoit gentils-hommes ſoit roturiers, font déja leurs comptes ſur cette nouvelle mine d'or. L'intention des Etats étoit, que d'une partie de cet argent on payât les arrérages dûs à l'armée, qu'on en liquidât certaines dettes pour leſquelles on étoit menacé d'execution, & qu'on en ache-

(e) Tel a été ſouvent le triſte ſort de nos Princes. La néceſſité quelquefois réelle, d'autres fois apparente, les a forcé de compoſer avec une partie de la nation au dépens du total, & le ſuccès de leurs affaires pour un an a été acheté au prix du malheur public pour pluſieurs années. Memoires ſecrets *de Bollingbroke* T. I. pag. 86.

achetât de certains fiefs, qui étoient à grand marché & très à la bienséance du païs, parcequ'ils y étoient enclavez. C'est ce qui avoit été arrêté à la face des Etats, sous la bonne foi publique, signé & scellé; mais Dieu le pardonne! comment se moque-t-on des promesses les plus solemnelles! On commence par ces hommes importans, qui ont vendu leur ministere, & ont fait près des deux partis un usage si criminel de leur éloquence; ils reçoivent le prix de leur injustice; on n'attend pas l'échéance des termes, on emprunte de l'étranger sur le crédit public; au lieu de payer les troupes & d'en entretenir le pied, on fait une reforme; on engage les créanciers à prolonger les capitaux que les Etats s'étoient engagés à leur rembourser; on lâche un à bon compte au gentil-homme sur le fief qu'il est forcé de vendre; il est placé à la Cour, on donne un drapeau à son fils, c'est à lui de voir quand il sera payé du reste. C'est par ses propres Commis que le Prince fait lever cet argent, distillé pour ainsi dire du suc le plus pur du païs; s'y opposer, seroit lui manquer de confiance, & vouloir s'ériger en tuteur de son maître, ce seroit un crime de léze Majesté. Qui sera assez hardi de former une telle prétention? Quel est l'honnête Ministre qui osera ennuyer le Prince de pareilles représentations? Helas! malheureusement, ce ne sont que trop souvent eux qui les prémiers appuyent les injustices de leurs maîtres, & si peut-être ils n'en partagent pas le profit, du moins gardent-ils un lâche silence, & vont en gens foibles & imbecilles déplorer intérieurement chez eux des desordres qu'ils devroient combattre de toutes leurs forces & avec une fermeté digne de gens, qui sur leur conscience doivent repondre à Dieu, au Prince & à l'Etat de tout ce qui arrive.

Il

Il n'eſt pas moins dangereux dans un Gouvernement, de laiſſer tout périr par reſpêt pour l'ancien ſiſtéme, qu'incertain de donner avec trop de légéreté dans un nouveau plan. C'eſt le défaut ordinaire des nouveaux Gouvernemens, mais il en arrive de coûtume, que lorſque, pour faire les choſes trop proprement, on veut tout bouleverſer, on eſt à ſon grand dommage honteuſement réduit à récourir aux vieilles maximes, bonnes en elles mêmes, mais qu'on avoit mépriſé à cauſe de leur vieilleſſe, & on s'attire par là la riſée du public. Nous en avons vû en grand un exemple en France ſous le Duc Regent pendant la minorité du Roi d'aujourd'hui,(f) du tems du ſiſtéme, (ſi on peut appeller ſiſtéme les vertiges d'une Cour) dans ce qui s'eſt paſſé en Eſpagne ſous le miniſtére de l'Enthouſiaſte Duc *de Riperda*, (g) pour donner dans le projet d'aggrandiſſement qu'avoit adopté la Reine en faveur des Princes ſes fils. Encore un, deux, trois ou quatre ans, & nous pourrons de nouveau citer un exemple frappant du tort qu'on ſe fait en donnant tête baiſſée dans un nouveau plan.

(f) Le nouveau Gouvernement de France fut pour moi un païs étranger, dont je conoiſſois peu les chemins. La plus part de viſages étoient nouveaux pour moi & tout juſqu'au langage en étoit bien changé . . . L'air de cette cour étoit de prendre l'oppoſé de tout ce qu'on avoit adopté ſous *Louis XIV. Cela reſſemble trop à l'ancien ſiſtéme*, étoit une phraſe ſi ſouvent donnée pour réponſe, qu'elle devint une plaiſanterie & paſſa preſque en proverbe. Mem. ſecr. *de Bollingbroke*, T. II. p. 1.3.

(g) La Cour d'Eſpague étoit dans ce tems-là ſi indéfiniſſable, que ce qui ſembloit un jour avoir ſon approbation, encouroit ſouvent le lendemain ſa cenſure. Mémoires de *Montgon*, Tom. II. p. 48.

* * *

Fais ton compte, ou il ſe fait de lui-même, dit-on à un ſimple œconome. On en peut dire à bon droit autant à un Souverain, qui eſt l'œconome le plus conſidérable de tout le païs (h).

Maint Prince a toutes les peines du monde de ſe tirer d'affaire pendant le cours de ſon regne, il ne jouit jamais de la vie, il eſt obligé d'avilir ſon nom & ſa ſignature de mille façons différentes; il ne peut penſer à mettre de l'ordre à ſes affaires, ni à les améliorer, parce qu'il ſait que ſes plus fidelles ſerviteurs ſont des fripons, qui ne doivent leur avancement qu'à l'effronterie avec laquelle ils ſe prêtent, à des choſes dont la propoſition ſeule feroit rougir un honnête homme; il ſupporte ſon malheur dans l'eſpérance que ce train pourra durer autant que lui, & dans cette mauvaiſe idée il vivote encore une dixaine d'années & même plus, juſqu'à ce qu'enfin il termine une vie miſerable & peu digne de louange; lui, qui auroit pû vivre heureux & dans l'abondance s'il eut d'abord voulu ſe reſſerrer pendant quelques années.

Le Succeſſeur trouve les choſes ſi derangées qu'il n'oſe penſer à y rétablir l'ordre; & il prend au grand galop le chemin de faire bientôt une banqueroute complette. *Louis quatorze* la fit en mourant, nos Princes d'Allemagne la font au Conſeil aulique & aux Commiſſions impériales établies pour les débiteurs, commiſſions qui achévent de tirer juſqu'au dernier ſuc de l'état.

On devroit croire, pour faire honneur à l'eſprit humain & à l'intelligence d'un Prince qui ſait refléchir:

(h) Lettres *de Teſſin*, 2 partie, p. 305.

chir: qu'un nouveau Souverain prendroit d'autant plus aisément ce parti, qu'il épargne pour soi-même. Commencer doucement & finir avec éclat, ne seroit point honte à un Prince; mais pourquoi voyons nous le contraire? Je n'en dirai pas les raisons, je ne veux que les éffleurer: un jeune Souverain d'un esprit frivole & borné, veut que tout soit chez-lui plus précieux, plus magnifique & plus brillant que ne l'ont eu ses prédecesseurs; les anciennes tapisseries, les vieux miroirs, la vaisselle, les équipages, les palais & les jardins ne sont pas assez bons pour lui. Le nouveau Prince réunit aux anciennes dettes le goût du nouveau. Les prémiers jours de sa régence sont coufus d'or, on oublie les anciens embarras; tout est enflé d'esperance; on profite des premiers plaisirs; ce qui console est la confiance & la prévention naturelle en faveur de tout nouveau gouvernement. Le Maître ne prend que trop aisément le goût de la magnificence; quoiqu'elle se fasse à crédit, il faut absolument continuer sur le ton qu'on a commencé; & pour tout dire, la fin est encore cent fois pire.

Un autre Prince ne parvient à la régence qu'à la maturité de l'âge, mais il pense en homme ordinaire. La Chambre des Finances se plaint toujours & soûtient, qu' on pourroit agir autrement & faire mieux; mais, dit-il, c'étoit la même chanson sous mon ayeul, mon Oncle & mon Pére, & la chose est pourtant allée, pourquoi n'iroit-elle pas encore sous mon regne? Ce n'est pas moi qui ait fait les vieilles dettes, il suffit que je n'en veuille pas contracter de nouvelles, je ne me soucie pas de balayer les anciennes ordures. Il habite le vieux Chateau, il suit ses vieilles inclinations, on garde le

 vieil-

vieilles maximes, les vieux fripons & les vieilles dettes.

Voici encore un Prince qui commence sa nouvelle carrière. On ne peut pas absolument dire, que sa conduite soit mauvaise, mais il s'en faut beaucoup qu'on puisse l'appeller bonne. Il fixe l'époque de son changement à celle de la naissance d'un fils. Il ne lui en vient pas ; un maudit Courtisan saisit un moment malheureux, pour lui souffler à l'oreille qu'il pourroit vivre bien plus grandement ; pour qui, lui dit-il, épargne Votre Altesse Sérénissime ? Ce discours prend comme de la poudre près d'un esprit qui n'est pas encore décidé pour le bien ou pour le mal. La premiére dépense superflue qu'on fait, tombe sur le goût décidé du Prince, goût qu'a depuis long-tems etudié ce Démon de favori. Le Souverain avoit-il jusque-là gardé quelques mesures dans ses debauches, il ne se gêne plus, il léve le masque, prend hautement une maitresse & se déclare adultere à la face de tout son païs. Est-il amateur de l'ostentation ? on augmente la Cour dans chaque département, la table devient plus fine, la livrée plus riche, les Courtisans plus frivoles ; & pour suffire à toutes ces nouvelles rubriques, les caisses se vuident, le païs s'appauvrit, & les dettes s'accumulent.

Le croiroit-on ? J'ai connû un Prince qui avoit très-sérieusement formé le projet & l'avoit exécuté à la lettre, de dépenser jusqu'à un certain terme tout ce que son païs pouvoit supporter. Je ne veux pas citer l'époque qu'il avoit fixée, crainte de nommer les masques. Le tems marqué arriva, & dès ce jour non seulement il ne fut plus question que d'ordre

&

& d'œconomie, langage trop ordinaire des Cours les plus dérangées, mais même on commença à agir en conséquence; malheureusement c'étoit le cas d'un médecin qui voudroit guérir radicalement un corps tout à fait usé, & lui rendre ses premiéres forces; il peut bien lui procurer la santé, mais il n'appartient qu'au Créateur de lui ôter tous les ressentimens de la maladie. Dans ces commencemens de reforme on eut généralement de mauvaises années, il survint des incendies, on perdit des procès de consequence, enfin mille sortes de calamités accablerent la maison & le païs; ce fut envain qu'on songea à payer les dettes dont la liquidation étoit fondée sur les meilleurs projets; la guerre en Allemagne survint, qui acheva de tout gâter, & le Prince se vit reduit à trainer sa vie dans les peines & les embarras, tandis que sans cet inconcevable projet, formé en premier lieu, il auroit pû du moins supporter tous ces autres accidens.

Sans parler de tous ces exemples & de beaucoup d'autres, il faut encore chercher beaucoup plus loin le principe d'un mauvais commencement de régence. Que je souhaiterois de bon cœur que les remarques suivantes ne fussent pas fondées, ou que du moins elles ne se trouvassent pas générales! A chaque révolution de régence, des nouveaux personnages cherchent à s'insinuer, ou les chefs des departements tachent par de nouveaux secrets de se mettre en credit & de le maintenir; il se rencontre par ci par là un mauvais sujet, qui sous le precedent regne n'a pû percer & n'a par conséquent point ou peu fait de mal; depuis long-tems il reve au moyen de faire fortune par de nouveaux secrets, & de jouer un role plus intéressant sous le nouveau regne.

* * *

Il ſe trouve quelquefois de l'une ou de l'autre de ces eſpeces d'hommes, (i) ſouvent même de toutes ces trois claſſes, quelques uns qui ſe frayent un chemin juſqu'au nouveau Prince, ſoit immédiatement, ſoit par de voies indirectes; car on peut entrer dans le cabinet des Grands ou par l'antichambre ou par la garderobe; pluſieurs même regardent ce chemin comme le plus court. Le nouveau Souverain commence ſa régence avec un préjugé auſſi déſavantageux que fondé contre celle de ſon prédeceſſeur, il ſçait que l'Etat eſt criblé de dettes, que les ſujets ont été foulés; on lui a tant parlé des pernicieux conſeils qu'on a donné à ſon pere & du mauvais état de ſes finances, que cent fois il a formé le juſte deſſein de redreſſer tous ces abus, par une bonne œconomie, le gouvernement le plus juſte, & en ſéviſſant contre les inſtrumens de la mauvaiſe régence paſſée, pour les faire ſervir d'exemple aux autres. Rempli de ces idées il lui échape de lâcher en préſence d'un des originaux que j'ai cité ci-deſſus: qu'il auroit fantaiſie de faire meubler de neuf quelques apartemens du Chateau, mais que connoiſſant l'état de ſes finances, il aimoit mieux patienter encore quelque tems. Un ruſé courtiſan ſourit, le Prince le remarque & lui en demande la raiſon. C'eſt, dit-il, avec l'éffronterie d'un menteur impudent,

(i) Colligunt ſe quatuor vel quinque, atque unum conſilium ad decipiendum Imperatorem capiunt, dicunt quid probandum ſit: Imperator, qui domi clauſus eſt, vera non novit: cogitur hoc tantum ſcire, quod illi loquuntur: facit Judices quos fieri non oportet, amovet a republica, quos debebat obtinere. Quid multa? ut Diocletianus ipſe dicebat, bonus, cautus, optimus venditur Imperator. *Vopiſcus* in vita Aurel. Imp.

dent, que nous ne sommes pas encore si mal qu'on le fait à croire à Votre Altesse Sérénissime, Elle n'a qu'à ordonner & on peut d'abord prendre les arrangemens nécessaires. A qui pareil discours ne feroit-il pas plaisir ? En consequence on examine les appartemens, on en prend la mésure, on fait marché pour l'ameublement, on le livre, & Dieu sait quand il sera payé. Des meubles on passe à l'écurie, on veut une vaisselle plus moderne, il faut des tableaux, des bijoux & équipage de chasse, on veut même batir. C'est toujours l'ancien ton: V. A. S. n'a qu'à ordonner. Imperceptiblement on dit: à la verité nos finances sont épuisées par la mauvaise œconomie du regne précedent, mais nous ne manquons pas de ressources. Effectivement on en cherche, on en propose, il y en a qui trouvent approbation, on les met en œuvre, & l'auteur en est récompensé par les prémiers postes d'honneur. Le Prince prend goût à commander & à donner des assignations sur ses finances, & il croit certainement, ou que c'est à tort qu'on s'est plaint du gouvernement de son pere, ou, qu'il a eu seul le bonheur de rencontrer de ces fidelles serviteurs remplis de prevoyance, qui ne sont jamais embarrassés, même dans le cas le plus epineux. L'année suivante on augmente encore de beaucoup la depense, au bout de cinq ans les nouvelles ressources sont épuisées, le financier qui a trop vanté les trésors cachés n'ose s'en dédire avec honneur, le Prince le somme de sa parole; on ne peut plus alléguer l'excuse du gouvernement précedant, ce feroit se donner un dementir à soi-même; le maître veut chevaux, chiens, Soldats, Musiciens &c. Il menace, si on ne lui fournit d'abord l'argent nécessaire à toutes ces dépenses, la peur saisit Monsieur le Président, il donne dans des moyens extrêmes,

 &

& fait encore face pendant deux ans; la septieme année le desordre parvient à son période, il n'y a plus ni argent ni crédit, le Ministre se donne au diable pour trouver de nouveaux projets & la huitiéme. Au lieu d'être le pére de ses peuples, comme il le désiroit, le Souverain s'en trouve le tiran.

* * *

Qu'un Prince à qui le vrai bonheur de son païs tient à cœur, & un Ministre qui aime véritablement son maître, se gardent bien l'un & l'autre de toute cure palliative pour guerir une œconomie gangrenée. Tout Medecin qui s'en sert, (excepté les Medecins de Cour, qui vû le temperament sanguin & inquiet du Prince, sont souvent obligés de lui faire prendre des astringens tandis qu'ils voudroient le purger) tout autre Medecin, dis-je, est un charlatan & un fripon, (k) & tout Ministre qui se prête à de pareils moyens, est ou un ignorant, ou un malhonnéte-homme. Quoique jamais de pareilles épreuves ne réussissent, on les repete cependant toujours & toujours envain. J'en trouve deux raisons principales; la premiére vient du Souverain. Je suppose un bon Prince. Il voit les défauts du gouvernement, les vices de ses Ministres & l'incapacité de la plus part de ses serviteurs, il en est persuadé; doit-il les renvoyer tous? Il est vrai que ce feroit le meilleur parti, surtout à commencer par son prémier Ministre, personnage egalement orgueilleux & intéressé; mais il ne peut pas faire un encan de son Conseil privé comme de sa garderobe, & on offriroit moins de certain Conseiller de finance, que du

(k) Hoc sceleratissimum histrionum genus occupat omnis orbis honores, nusquam non exercens histrionicam, in conjugiis, in fœderibus Principum, in Aulis Regum & Cæsarum. *Erasmus* in lingua.

du plus mauvais cheval de l'écurie. Son bon cœur ne lui permet pas d'abattre ce vieil édifice à la veille de s'écrouler. Ce sont d'anciens serviteurs, qui sans lui ne sauroient où donner de la tête, il faut bien en avoir soin jusqu'à leur mort; l'avarice se met de la partie, il faudroit payer double appointement; en un mot, ils restent; mais comme le maître insiste absolument sur une amelioration, & que le bâtiment ménace ruine, on racommode, on étançonne, on recrépit jusqu'à ce qu'enfin il s'écroule avec bruit, & il ne reste d'autre consolation que de dire: C'est un miracle qu'il ait encore pû subsister si long-tems.

L'autre cause vient des serviteurs, ou plus immédiatement encore des Ministres, & des Chefs des Colléges; ou bien ils manquent de jugement pour choisir les moyens les plus propres au redressement des affaires, & s'en servir, ou ils n'en ont pas la volonté; peut-être n'ont ils ni l'un ni l'autre. Un Prince est mauvais œconome, il corrompt la justice, quand il n'y va pas de son utilité, d'en soutenir les droits; il neglige les intérets de sa Maison, parceque l'argent nécessaire aux Ambassades est déja dissipé pour ses plaisirs; il est embourbé jusqu'au col dans les dettes; il ruine ses sujets, & mille autres excès de cette nature. On lui fait des remontrances, on lui dit que les choses ne peuvent plus ou du moins guere durer sur ce pied-là. Le Prince est emporté & capricieux, il n'écoute que ses passions, il fait du bruit, il insulte ses Ministres, il jure contre eux, parle de les casser & de pire. C'est ce qu'un Ministre ne veut pas hazarder, il se tranquillise sur ce qu'il a dit à son Maître tout ce qu'il devoit pour son bien; ce n'est pas sa faute, s'il ne suit pas ses avis; il ne doit s'en prendre qu'à lui-même.

même. C'eſt juſtement où en vouloit venir le Souverain; il ne ſe voit plus importuné de plaintes & de verités offenſantes; que lui importe ſi les choſes vont mal? ſes ſujets doivent à la fin l'aider, le Miniſtre ne l'abandonnera pas, dût-il employer les moyens les plus injuſtes & la force même; ſans s'inquieter du tort qu'il fait à ſon honneur & à ſa conſcience (l). Il eſt très nuiſible de ſervir un maître ennemi de l'ordre, qui veut toujours avoir raiſon, ne croit jamais faire de fautes, & exige ſurtout qu'on lui obeïſſe aveuglement. Malheureux le païs qui doit obeïr à un tel Prince! Nos Miniſtres ne ſe piquent pas plus en Allemagne qu'ailleurs de pouſſer l'héroïſme juſqu'à ſacrifier leur poſte plûtot que de rien faire contre leur honneur & leur conſcience, en conſentant d'être le vil inſtrument de toutes les baſſeſſes, par leſquelles on ne flatte que trop ſouvent un Prince prodigue, que ſes excès ont reduit à l'agonie.

Une malheureuſe harmonie raſſemble ſouvent un Prince obéré & un Charlatan politique, qui par une cure hazardée fait tant de mal au corps de l'Etat, que les perſonnages les mieux intentionnés ne peuvent le redreſſer.

* * *

Je me rappelle encore l'opinion erronnée où ſont les petites Cours, qui ne veuillent pas même ſouffrir qu'on leur reproche leur peu d'ordre, tandisque d'autres plus conſiderables le tolerent, & qui s'imaginent

(l) Le déſir de plaire aux Princes & de les laiſſer dans une illuſion, au prix de laquelle on s'aſſure un moment ſéduiſant de bonheur, engage ſouvent à faire certaines démarches, dont les vives inquiétudes & quelquefois un long repentir ſont les ſuites. Mem. de *Montgon* T. I. p. 300.

ginent se justifier en alleguant l'exemple de celles-ci, & disant qu'elles sont encore pire. Car quoique malheureusement il ne soit que trop vrai, qu'aux grandes Cours il se passe de grands crimes & qu'il y a de grands désordres, cette même grandeur & l'éclat de leur dignité couvre bien des fautes, qui n'en sont pas pour cela plus excusables, mais que le respêt nous fait ensevelir dans le silence; & c'est ce qui doit engager les petites Cours à s'attirer, par la sagesse de leur œconomie & de leur arrangement, l'estime & les égards auxquels elles n'ont aucun droit par leur puissance.

Un grand Etat peut d'ailleurs beaucoup plus aisément se remettre & faire face à ses dettes, quelques considérables qu'elles soient, tandis qu'en une petite Cour la mauvaise œconomie d'un seul Prince négligent & amateur outré de l'ostentation peut influer plus de cent ans sur ses successeurs, & les rendre tout à fait malheureux, surtout s'ils veuillent marcher sur les traces de leurs ancêtres, ce dont l'histoire ancienne & moderne de l'Allemagne ne nous fournit que trop d'exemples.

* * *

Que surtout jamais un Prince n'ait recours à certains moyens déséspérés. Je n'ose les nommer, car nous vivons dans un siécle trop sujet à reflexion.

* * *

Il ne suffit pas d'avoir redressé les anciens abus & d'avoir fait de sages arrangemens. Combien de Chateaux ne tombent pas en ruine faute d'attention & d'entretien!

On devroit à cet effet, à l'imitation des Censeurs romains, avoir une personne préposée pour y remédier & entretenir l'ordre partout; mais ainsi que le pré-

prémier Ministre, cette personne ne devroit dependre que du Souverain, & avoir entrée dans les bailliages, les Colléges, les Chancelleries & même jusque dans le Cabinet.

Ni la multitude des loix, ni la quantité de nouvelles méthodes & d'arrangemens trop étendus & trop recherchés ne contribuent à ce que je viens de dire, non plus qu'au bonheur d'un païs; c'est plutôt une marque de la foiblesse du gouvernement. Le moyen le plus efficace d'y parvenir, est de s'en tenir invariablement à l'ancien usage.

* * *

Je voudrois encore volontiers ajouter ici: qu'un Souverain doit toujours préférer le bien de l'Etat au sien propre, proteger & pratiquer la justice, rendre sa parole respectable, & faire mille autres biens dont je pourrois remplir des feuilles entieres. Mais de dignes Princes s'y portent d'eux-mêmes, & c'est en vain qu'on prêche aux sourds; je ne voudrois pas d'ailleurs, que ce que je dis, attirât à celle qui me dirige, la verité ma bonne amie, le désagrement d'entendre crier: la voilà qui vient avec son pédant.

Du géneral je passe au particulier.

Les soins d'un Prince se partagent en trois points principaux. Premiérement, sa Cour, secondement, le maniment des affaires & les personnés nécessaires pour les diriger; enfin ses finances & la maniére de les regir.

J'en parcourerai les principaux traits. Il n'appartient qu'aux grands maîtres de peindre avec toute sorte de couleurs.

II. De

II.

DE LA COUR & DE L'OECONOMIE PARTICULIERE D'UN SOUVERAIN.

O Rois ! ſi la pompe a pour Vous tant de charmes,
Qu'elle ne coute point nos ſoupirs & nos larmes!

C. DE BAAR.

J'ai composé un ouvrage très-étendu sur le droit des Cours Allemandes; j'en ai approfondi les mœurs & les droits, & j'y ai joint des reflexions, qui ne me laissent aujourd'hui que très peu de choses à dire sur cette matiere. J'en ferai donc d'autant plus concis, & je ne ferai qu'ajouter quelques nouvelles remarques qui me tiennent à cœur.

* * *

La Republique de la Cour a son langage particulier, ses usages, sa politique, sa morale & sa religion.

Le principal but des Courtisans est de gagner la faveur du Maitre. C'est l'ennemi né, qu'un chacun couche en joue. Les favoris l'attaquent en forme, ce sont eux qui dirigent le siege, ils ne communiquent aux Officiers majors le secret de leurs brigues, & n'en partagent avec eux le profit, qu'à proportion de ce qu'ils s'imaginent pouvoir leur en céder sans faire tort à leur honneur, leur interêt & leur crédit. Ils ont leurs subalternes pour former, corriger & executer leurs plans; ils les recompensent & les protegent à proportion de leurs talens & de leurs services. Il se trouve parmi ces derniers de rusés partisans qu'on emploie à la petite guerre; ils vont à la decouverte, pour observer assidument les allures du parti attaché à la verité, parti peu nombreux, mais brave. D'autres sont employez pour sonder les mines; d'autres comme espions & comme traitres,

& le ſimple ſoldat de Cour ſe trouve plus ou moins bien, ſuivant que le chef de cette petite armée a plus ou moins de talens pour diriger ſes opérations.

Ceci n'arrive cependant que lorſqu'un Prince eſt attaqué ſelon les regles de l'art; ſouvent on fait contre lui la guerre à la Croate, à la Calmoucke ou dans le goût des Uhlans; chacun prend ce qu'il croit à ſa portée; ſouvent la même maiſon eſt pillée juſqu'à trois fois, car les uns ſont pour l'argent comptant, les autres pour les meubles, & d'autres enfin pour les habits & le linge. Pour comble de malheur viennent encore ces gens ſans foi ni honneur, eſpéce de bourreaux, qui martiriſent & donnent la torture à l'infortuné propriétaire, pour le forcer de leur découvrir s'il n'a point de tréſor caché.

D'autres courent le plat païs, & ſe contentent de bloquer la Capitale.

Dans l'attaque, defenſe & fortification des places on a de certains ſiſtêmes, qui pour faire honneur à ceux qui les ont inventés, en portent le nom. L'art de faire la guerre à la Cour a auſſi ſes methodes particulieres; mais ainſi que la forme du gouvernement des Jeſuites au Paraguay, & comme le ſecret des francs-maçons, elles ne ſe transmettent que par la tradition. Tout ce que l'on en ſait, c'eſt que pour cette ſorte de guerre on n'emploie que les matieres les plus douces pour la fabrique des armes; les principales batteries ne ſont compoſées que de reſpêt, d'obeïſſance & de ſoumiſſion, que les artificiers de Cour appellent *ſe mettre aux pieds*, & les cartouches pour le feu ordinaire ne ſont que de complimens. Toutes ces diverſes matieres ont la vertu,

rela-

relativement aux differentes perſonnes ſur leſquelles elles agiſſent, de rendre ſourd, boiteux, colerique ou de bonne humeur, à peu près dans le goût des gens piqués de la tarantule, qui après mille angoiſſes & une profonde triſteſſe ſont forcés malgré eux de danſer à outrance.

C'eſt aux yeux principalement qu'on en veut dans cette guerre, & l'enchantement conſiſte en ce que l'aveugle ne ſent aucune douleur, & qu'il s'imagine voir plus clair avec ſes yeux de verre qu'avant d'avoir perdu la vue.

Les Princes me pardonneront de m'être ſervi d'hiérogliphes, qu'on ne peut entendre, à moins d'avoir été du metier, quant au reſte, qui ne doit pas être un miſtere pour leurs ſujets. Je m'expliquerai plus intelligiblement.

Un Prince eſt le chef de ſa maiſon, & il ne ſuffit pas qu'il ait de l'eſprit pour lui, il en doit auſſi avoir pour toute ſa Cour.

Ainſi donc pour conſerver cette ſuperiorité, il faut qu'il ſache ſe faire rendre le reſpêt & l'obéïſſance due à un pére de famille & s'y maintenir par amour, ſageſſe & gravité.

* * *

Il s'agit de ſavoir, lorſqu'on forme une Cour, ſi on veut faire conſiſter la grandeur du Souverain dans la quantité de gens qu'il a à ſon ſervice ſuivant les differentes claſſes, dans l'oſtentation & la dépenſe, ou bien dans un état plus borné, mais rempli d'ordre & d'arrangement.

Un nombre borné de ſerviteurs qui ſavent leurs devoirs, vivent en honnêtes gens, ſont attachés à leur maître & en ſont bien entretenus & bien payés, font plus d'honneur à un Souverain, qu'un tas de vauriens, qui reſtent dans la crapule, font dettes ſur dettes, ou qui, vû le peu de gage qu'ils touchent, ſont hors d'état de s'habiller décemment.

Moins on a de domeſtiques, mieux on eſt ſervi. Ce raiſonnement, quoique paradoxe en apparence, eſt fondé ſur l'expérience journaliere.

*   *   *

Un Prince doit ſoutenir & faire reſpecter l'autorité qu'il confie aux chefs de ſa Cour, ſans quoi lui & ceux qui le repreſentent, tombent dans le mépris; mais ſi intérieurement un Serviteur n'a de la vénération pour ſon maître, il eſt impoſſible qu'il ait un veritable attachement pour lui, puiſque cet attachement n'eſt pas fondé ſur l'eſtime qui en doit être la baſe.

Quand un Souverain tolere des deſordres connus, on en parle extérieurement comme d'un Prince gracieux & bienfaiſant, mais il paſſe dans le fond pour manquer de fermeté, de prevoyance & de franchiſe. Ceci jette un honnête-homme, qui dirige la Cour, dans de grandes perplexités. Il n'oſe lever la voix, ni couper court aux abus qu'il apperçoit, ſans s'expoſer aux plus infames calomnies; mais on ne court pas ce riſque avec un Prince, qui ſait toujours allier à propos la bonté à la fermeté néceſſaire dans de certains cas.

Rien

* * *

Rien de ſi honteux que de briller à crédit; mais mener un train médiocre de ſes propres revenus, payer ſes dettes & remplir ſes coffres, eſt un procedé, qui loin de faire honte, comble d'honneur.

Principes, qui tout vrais qu'ils ſont, paſſent aujourd'hui pour infames & honteux.

Car au grand dommage du gouvernement politique, depuis plus de cent ans une eſpece de fureur de briller s'eſt gliſſée parmi nous, au point qu'un chacun veut prendre ſon vol au deſſus de ſa portée.

Il eſt à la verité naturel à l'homme de ſouhaiter d'être plus grand, qu'il n'eſt effectivement; auſſi cette foibleſſe eſt-elle pardonnable, tant qu'elle ne dérive pas en folie. Car par exemple, quand l'Imperatrice-Reine & le Roi de Pruſſe ſe diſent à la face de l'univers, qu'ils ſont égaux en force & en puiſſance, ils parlent le langage des Rois. Mais quand Monſeigneur de .... oſe avec la même emphaſe ſe comparer à un de ſes couſins, il y a dequoi laſſer la patience de l'homme le plus phlegmatique, lorſqu'il entend ce Monarque de ſix ou huit villages vanter ſa puiſſance, lui qui eſt fier comme un héros, lorſqu'il peut impoſer une amande d'un florin à un pauvre païſan.

Que *Louis* XIV. batiſſe Verſailles, *Louis* XV. Belvedere, qu'on emploie un million pour les jets d'eau du jardin de Herrnhauſen, qu'un Roi de Pruſſe faſſe d'une ſimple maiſon de Potsdam un Palais royal, perſonne n'en eſt ſurpris, par-

 ceque

ceque ces Princes le peuvent, oui vraiment, ils le peuvent. Mais quand on voit tant de batimens à demi achevés en Allemagne, commencés par des Princes moins puissans, qui peut trouver à redire à la naïveté d'un sujet, qui s'écrie: mon maître a fait une entreprise au dessus de ses forces?

Qu'on trouve à Dusseldorff, à Manheim, à Cassel & ailleurs, une collection choisie de peintures, on respecte le bon goût des Princes qui l'ont faite & la protection que les Grands doivent aux arts; mais quand, pour faire de pareilles emplettes, on hypotéque des bailliages entiers, il faut absolument que le Ministre ait été dans un paroxisme d'imbécilité.

Qu'un Comte de Hanau se fasse faire Prince d'Empire, il ne fait qu'accepter ce qui depuis long-tems lui étoit offert; mais quand un Comte n'a d'autre titre pour prétendre à la Principauté que celui de l'immensité de ses dettes, doit-on être étonné de voir dix ans après la très-moderne Altesse à la Commission Impériale établie pour les dettes?

Qu'un Roi d'Angleterre ait douze Chambellans, personne n'y trouvera à redire; mais quand dans l'Almanac d'une Cour de Prince on en voit une liste de trente, on ne sait pas en vérité, si le Prince fait peu de cas de la clef, ou s'il se moque de ceux à qui il la donne.

Comment pouvoir excuser tant soit peu de pareils oublis de soi-même, & tant d'autres si nom-

nombreux qu'on ne peut les compter, à moins d'appliquer au sang allemand, ce que Mademoiselle *de Montpensier* (m) dit avec tant d'ingénuité des Princes de sa maison: „ Les *Bourbons* „ sont gens fort appliqués aux bagatelles & peu „ solides; peut-être moi-même aussi bien que „ les autres, qui en suis de pére & de mére. „

* * *

Chaque Etat dans la Republique a ses tentations; il faut s'armer de sa propre vertu pour y resister. La vie de Cour réunit plusieurs de .. tentations & d'une nature plus relevée, tandisque les vertus y sont moins imprimées & moins recommandées. Il seroit à souhaiter, que les vertus capitales de chaque état de la Cour fussent mises dans un plus grand jour qu'elles ne sont, & cela par ceux que leurs lumiéres & l'expérience mettent plus à portée d'en juger; ce n'est pas le devoir des Prédicateurs de la Cour, & l'Eglise n'est point un lieu propre à des détails si differens & si personnels. On augmente d'un jour à l'autre les charges dans la plus part des Cours; ne seroit-ce pas une idée bien utile & bien honorable, de nommer le plus habile Chambelan, Prédicateur civil de la Cour, & de prendre toutes les semaines une heure sur le jeu pour la consacrer à entendre des leçons sur l'Ecclésiastique.

Je n'ai plus la force d'en dire davantage sur ce chapitre, & je souscris avec conviction à la sen-

(m) Dans ses mémoires T. I. p. 179.

ſentence des juges de Göttingue (n) ſur l'ouvrage dont j'ai parlé ci-deſſus: „On y voit par ci par là quelques traits qui peignent une Cour chrêtienne comme elle devroit être, mais nous craignons (vu l'imperfection qui eſt inévitable dans le meilleur monde même) qu'on ne trouvera jamais un original qui puiſſe parfaitement y reſſembler. „

(n) Gazettes de Göttingue 1754. No. 125.

III. Du

III.

DU CHOIX & DES QUALITES DES SERVITEURS.

Un Roi n'est grand, qu'à proportion des gens de mérite qui l'environnent.

Lettres du Comte DE TESSIN, P. II. p. 376.

Le second point principal regarde l'arrangement intérieur du gouvernement.

Après le Maître tout depend de l'espéce de Serviteurs qu'il a.

C'est en vain qu'on a des loix admirables & le Prince le mieux intentionné, si les Ministres, les Conseillers & les Serviteurs ne valent rien.

On juge d'un Prince sur le discernement qu'il montre dans le choix de ses Ministres.

„ Un Souverain a le choix libre dans la multitude entiere de ses sujets. Comment pretendroit-il après, d'être d'abord excepté avec nous ? Non, c'est une verité éternelle, qu'on décide de ses inclinations & de la force de son esprit sur la probité & les talens de ceux, en qui il met sa confiance, & dont il se sert pour ses affaires les plus importantes. Si son Ministre n'a pas une approbation universelle & si le peuple n'en juge pas avantageusement, les ordonnances ainsi que les négociations se reduisent à peu de chose (o). „

Ce choix exige absolument, qu'un Prince ait l'œil connoisseur; car c'est toûjours un hazard, & un hazard

(o) Lettres du Comte *de Tessin*, P. I. p. 237.

hazard très rare, qu'un Prince d'un esprit borné puisse trouver & fasse cas d'un grand genie; il arrive plus communement ce qu'on raconte du Cardinal *de Richelieu*. Il demandoit au fameux *le Camus*, Eveque de Bellay, son sentiment sur deux ouvrages nouveaux: *le Prince de Balzac & le Ministre d'Etat par Silhon*. Surquoi ce Prélat lui repondit: „ l'un ne vaut pas grandechose & l'autre rien du tout (p). „

* * *

Nous sommes accoutumés de voir des Princes envoyer des gens entendus, pour leur aller chercher au delà des mers tout ce qu'il y a de mieux en chiens, chevaux & faucons; l'exemple nous apprend qu'ils ne regrettent pas dix à douze mille florins, pour un homme d'une grandeur extraordinaire, dût-on le chercher depuis Naples jusqu'au fond de la Norvege. Ces mêmes Princes ne prendroient-ils pas pour les rêveries d'un prodigue, la proposition de dépenser quelques milliers de florins pour faire passer à leurs services d'honnêtes & habiles gens? Et cependant le plus beau présent qu'un Ministre puisse faire à son Maître, est, de lui attirer du dehors de braves & dignes sujets & de les fixer à son service.

„ Pour moi, dit le Comte de *Tessin* (q), tout mon objet seroit de faire une collection d'hommes sages & prudens, si j'étois assez grand Seigneur pour l'entreprendre. Mais, c'est plûtôt l'affaire d'un Roi, que celle d'un Particulier. Outre cela il faut être fin connoisseur, parce-

(p) Memoires d'*Amelot*, T. I. pag. 27.

(q) Lettres du Comte *de Tessin*, P. I. p. 233.

parceque lès apparences ſont ſouvent trompeuſes, & qu'il faut alors percer dans l'interieur pour faire tomber le maſque. Mais une telle collection conſiderée en elle même, quel contentement n'offriroit-elle pas ? quel plaiſir des yeux, quelle joye de l'ame, quelle prodigieuſe varieté, des hommes de toute eſpece, de toute figure, de toutes couleurs? „

Au reſte c'eſt un point decidé, que Dieu qui donne volontiers aux hommes ce dont ils ont beſoin, accorde ſûrement à un Souverain qui veut vraiment gouverner ſon païs en bon chrêtien, les inſtrumens néceſſaires pour y concourir, en lui procurant des ſerviteurs fidelles, conſcientieux & utiles.

* * *

Je ſuis ravi en extaſe, quand je me repréſente, (ne fut-ce même que dans l'image de la poſſibilité) un Prince qui ſeroit lui même un chrétien, qui auroit pour conſeillers & pour ſerviteurs de vrais chrétiens (r), & beaucoup de vrais chrétiens pour ſujets. Nous en avons eu quelques-uns chez les quels tout cela ſe trouvoit réuni ; nous en avons Dieu ſoit loué encore quelques-uns, mais en petit nombre, & de pareil modelles ſeront toûjours très rares.

C'eſt toûjours beaucoup, quand un Souverain qui eſt de la Religion à la mode, ne fait point de difficul-té

(r) Illi qui vera pietate præditi bene vivunt, ſi habent ſcientiam regendi populos, nihil eſt felicius rebus humanis, quam ſi Deo miſerante habeant poteſtatem. *Auguſtinus* de civit. Dei, L. V. c. 19.

té de prendre dans ſon Conſeil ou à ſon ſervice quelqu'un qui profeſſe une religion poſitive.

Si les Grands ſavoient, de quelle importance eſt un vrai chrétien, ils le chercheroient avec le même empreſſement & le même ſoin, avec lequel on fouille la terre pour en tirer les mines d'or & d'argent, & ils le regarderoient comme le tréſor, la richeſſe & la moëlle de leurs païs.

Un Prince qui auroit le ſecret d'attirer beaucoup de vrais chrétiens à ſon ſervice, feroit des prodiges.

Un ſeul Miniſtre qui a de la piété, repand un luſtre ſur tout le regne de ſon Maître; & ſi un Souverain en avoit beaucoup de cette eſpece, on pourroit bien dire, que, quand, ſans parler de ſa naiſſance, il ſeroit peu de choſe par lui-même, il brilleroit de leur éclat, comme ces globes de verre qui dans une illumination ſur l'eau rejailliſſent du feu qui brule à coté d'eux, & jettent des rayons, que d'éux-mêmes ils n'auroient jamais eu.

Avec quel reſpêt & quelle louange ne parle-t-on pas encore après cent ans du regne du Duc *Erneſte* le pieux de Saxe-Gotha, Prince grand & eclairé par lui-même, mais auſſi parcequ'il avoit pour Miniſtre *Veit Louis de Seskendorff*. Une certaine Cour dont l'equité n'étoit rien moins qu'en bonne odeur, & à qui au contraire on reprochoit pluſieurs demarches injuſtes & violentes, a retabli, pendant un certain tems ſa réputation pour avoir pris un Miniſtre, dont la droiture, la religion & la probité étoient connues de tout le monde.

S'agit-il

S'agit-il des emplois, qui concernent la recette du païs, on peut dire hardiment, qu'un Prince qui dans sa chambre des finances n'auroit que de vrais chrétiens, auroit trouvé la pierre philosophale que tant de sots cherchent envain. Le Roi *Fréderic Guillaume* de Prusse aimoit d'avoir de pieux receveurs de ses domaines, parce qu'ils ne le trompoient pas; quoique c'est encore là le moindre; mais ce qu'on nomme aujourd'hui être un bon financier, est, de savoir augmenter les revenus; & c'est ce secret qu'un Prince ne trouve jamais plus sûrement que chez les vrais chrétiens.

La bénédiction de Dieu est un revenu immense & inépuisable. Si un honnête financier détourne la malédiction qui depuis long-tems étoit tombée sur la maison de son maitre; s'il appaise les plaintes des sujets en soulageant leurs soupirs & leurs peines, il augmente les revenus de son Prince d'une façon sure & positive.

Il est des païs, où sans doute ce langage paroitra fanatique, & on me répondra: c'est de l'argent que nous voulons, il nous en faut, gardez pour vous la bénédiction divine. Eh bien, ce n'est pas sur vous qu'elle doit tomber. Pour démontrer quelle source inépuisable de bien est cette bénédiction, on n'a qu'à considérer ceux qui se trouvent dans le cas opposé. Qu'on examine un païs ou un ménage riche, que Dieu regarde dans sa colère. L'argent s'envole comme si le vent l'emportoit, & pour preuve infaillible de malédiction, personne n'y vit content. On dépense beaucoup, sans avoir beaucoup pour son argent. D'autres Princes avec la moitié font beaucoup plus de parade, sont plus contens & font les delices de leurs sujets.

Il pourroit bien arriver, qu'une chambre de finances, dont tous les membres seroient de vrais chrétiens, ramenât peu à peu le Prince à son avis, quand bien-même il seroit d'un autre sentiment, s'il n'étoit obsedé par ces gens dont le principe abominable est: que pourvû que le maître ait assez, qu'il ait tout ce qu'il veut, il importe peu d'où l'argent vienne, qu'en gemisse, qu'en perisse qui voudra, que la chose finisse bien ou mal, & qu'elle dure autant qu'elle veut.

Quoique je fasse si fort ici l'éloge de la religion & que je le fasse avec raison, je n'en conclus pourtant pas, qu'un homme à qui Dieu a fait la grace de lui donner un cœur droit, soit bon à tout. On présenta il y a quelque tems un domestique à une personne de rang, en l'assurant, que c'étoit un honnête homme; qu'est-il de plus? repondit cette personne, & elle avoit raison, car Dieu nous appelle tous au christianisme, mais pas tous au Ministére par le Christianisme.

Un Chrétien est toujours le plus honnête homme, mais il est encore beaucoup au dessus du simple honnête homme (s); oui il suffit d'être bon Chrétien, pour être estimé & regardé positivement comme un honnête homme. C'est un aveu qu'heureusement la force de la vérité a su extorquer de la bouche des Princes. Nous en avons un exemple dans la belle leçon que donne le Duc *Charles Alexandre* de Wurtemberg à son fils & Successeur, dans le Testament qu'il fit l'année 1737. „ Je ne peux me dispenser en

(s) Voyez la suite dans le No. cinq des feuilles hebdomadaires de Francfort de l'année 1755. p. 65.

„ en pere de vous avertir, de peſer mûrement tous „ les comptes qu'un Souverain doit rendre à Dieu, „ ayez toujours l'Eternel devant vous, & n'oubliez „ jamais que ſans le chriſtianiſme, on ne peut être „ ni paſſer pour honnête-homme. „

Nous voulons donc pour un moment prendre les gens tels qu'on peut les avoir, & ſouhaiter qu'ils deviennent tels qu'ils doivent être. Il y a en conſequence trois points principaux, ſur leſquels roulent les devoirs des membres d'un Collége. C'eſt à dire qu'ils ſoient honnêtes, utils & laborieux.

Il faut que ces trois qualités ſe trouvent réunies, ſans quoi un maître en eſt toujours la dupe.

Une probité ignorante n'eſt bonne à rien, une probité ſtupide eſt ſouvent nuiſible, & une probité déplacée devient un capital mort.

Etre habile ſans probité, c'eſt avoir la nature d'un ſerpent. Avoir des talens & être pareſſeux, eſt plus pernicieux que la bêtiſe accompagnée de la droiture. Les gens trop habiles ſont quelque fois inſupportables. Des gens laborieux, mais qui manquent de droiture, reſſemblent à l'araignée qui tire du poiſon des roſes mêmes. Avoir le goût du travail, ſans en avoir la capacité, eſt pur ouvrage de taupe.

Ces trois points ſont ſi inſéparablement neceſſaires à un Conſeiller, qu'on ne peut s'empêcher de plaindre un Prince, dont les ſoi-diſans Conſeillers ne les ont pas.

Il eſt certains poſtes, qui ne demandent presque que de la probité; d'autres exigent en même tems beaucoup de capacité.

Les ſubalternes des Colléges, ceux qui ſont chargés des comptes & des recettes du Prince, ſont dans le premier cas.

Le ſecond regarde les premiéres charges de l'Etat.

Il ſeroit à ſouhaiter, que maint Miniſtre, à qui perſonne ne peut refuſer le tître d'honnête-homme, joignit à ſa ſimplicité de colombe une doſe un peu plus forte de la ſubtilité du ſerpent.

Quoique, s'il falloit abſolument opter, je préférerois toujours le cœur de la colombe à la tête du ſerpent.

Il n'eſt peut-être pas hors de propos, de citer ici les idées d'un homme d'Etat, qui a été employé dans les affaires les plus importantes, & qu'on regarde comme un maître en fait de politique. Voici ce que marque Monſieur *de Callieres* ſur ce ſujet: „ Il eſt vrai, qu'une probité exacte ne ſe trouve pas „ toujours jointe à une grande étendue d'eſprit & „ à toutes les connoiſſances néceſſaires pour former „ un bon Négociateur, & qu'il ne faut pas faire des „ idées de la republique de Platon dans le choix des „ ſujets, qu'on deſtine à ces ſortes d'emplois. On „ peut dire encore que les Princes & leurs principaux Miniſtres ſont ſouvent obligés, de ſe ſervir „ de divers inſtrumens pour parvenir à leurs fins, „ qu'il y a eu des hommes de peu de vertu, qui ont

„ ont été de grands Négociateurs, & qui ont fait „ prosperer les affaires qu'on leur a confiées, & que „ des gens de ce caractere, n'étant rétenus par au- „ cuns scrupules, reussissent plus souvent dans les „ negociations que les gens de bien, qui n'y em- „ ployent que des moyens justes; mais le Prince, „ qui se fie a des Négociateurs de cette espece, ne „ doit compter sur eux qu'autant que sa prospérité „ dure; si les tems deviennent difficiles & qu'il lui „ arrive quelque disgrace, ces maîtres fourbes sont „ les prémiers à l'accabler par leurs trahisons, & „ ils se rangent toujours du côté des plus forts. „

Il est des places, où un esprit délié, une bonne tête & une certaine routine suffisent, mais il en est d'autres, qui exigent plus immédiatement les qualités du cœur. Albin est Referendaire privé, son esprit n'est pas brillant, à peine son savoir peut-il passer pour mediocre, mais rien de si noble, de si désinteressé, de si compatissant & de si humain que son cœur. Il est le bras droit d'honnêtes Ministres, le refuge des opprimés, un homme de poid pour son païs, & un serviteur sur lequel le Prince peut se réposer. Il n'a pas les déhors aimables, flatteurs & humbles de Vulpin son prédécesseur, il ne travaille pas avec la même célérité, mais en revange il n'est ni un flatteur, ni un trompeur, ni un menteur, ni enfin un fripon comme étoit celui-ci.

* * *

Souvent les Chefs des Bureaux sont d'une capacité bornée, mais les Commis sont d'autant plus habiles, ils prêtent aux Ministres leur mérite & leur savoir, & on dit en termes politiques de ces sortes de gens, qu'ils forgent les traits, que les prémiers décochent. La comparaifon n'eft pas tout à fait bonne ; car il n'eft pas moins important, de bien ajufter le coup & de le lâcher à propos,que de favoir forger la flèche.

* * *

On peut confier certains emplois à un homme, qui n'a d'autre avantage que de paffer pour ce que dans le fens général on appelle un honnête-homme. C'eft à dire de n'avoir point encore eu de procès criminel, & de n'être pas hautement reconnu pour un fripon ; mais il eft d'autres poftes, où l'on ne peut parvenir, qu'après avoir été mis à l'épreuve & avoir fait connoître, qu'on eft incapable de fe laiffer corrompre & de prêter l'oreille aux tentations.

* * *

Il fe peut qu'un Prince ait un nombre fuffifant de ferviteurs habiles & honnêtes, & que cependant tout foit bouleverfé dans le maniment des affaires, fi les perfonnes, qui en font le principal mobile, font hors de leur fphère.

Le vrai fecret d'un heureux gouvernement confifte non feulement à favoir placer les principaux & les plus habiles perfonnages fuivant leur goût & leur capacité, mais en général auffi à diftribuer à un chacun l'ouvrage felon fon favoir & fon inclination.

* * *

Voilà pourquoi il ne fuffit pas d'être habile & vertueux, un chacun doit avoir les vertus propres à fon emploi. Marcellus eft un homme refpectable, mais un mauvais Miniftre. On peut paffer des heures entieres à difcourir avec lui, rien de fi agréable

ble ni de ſi inſtructif que ſa converſation; il eſt foncé & infatigable au travail, quand il a les affaires ſur ſon bureau; mais deſqu'il s'agit de les traiter verbalement, il n'a ni l'entendement aſſez vif, ni la préſence d'eſprit, ni la prudence pour repondre avec precaution à une demande captieuſe, & il ne ſait pas non plus ſe plier d'abord aux circonſtances. Altan, ſon Collégue, embrouille les affaires; c'eſt ce que ne fait pas Marcellus, mais les affaires l'embrouillent & cependant c'eſt à lui qu'il faut s'addreſſer en matiere de politique. Dès qu'on touche cette corde, tous ſes nerfs ſont frappés, ce n'eſt plus le même homme, on le tourmente & il tourmente les autres.

Marcolf eſt la probité même, ſon vrai mérite l'a fait entrer au Cabinet, mais il a la foibleſſe, de ne pouvoir rien cacher de ce qu'il fait à ſa femme & à ſes amis, ce qui déja pluſieurs fois lui a cauſé bien du déſagrement; il auroit toutes les qualités néceſſaires pour ce poſte, s'il ſavoit ſe taire.

Schlinkſchlank étoit un bon diable, il ſe ſeroit jetté au feu pour ſon Maître, il n'auroit fait aucune difficulté de donner un ſoufflet au prémier Miniſtre, ſi le Prince le lui avoit ordonné; on l'a employé dans les commiſſions les moins raiſonnées, & il s'y eſt prêté. Voilà ce qu'à cette Cour on nommoit fidélité. Parcequ'il avoit appris à lire & à écrire, & qu'il entendoit un peu de latin, on le fit Garde-privé des archives. La Chronique veut, qu'il n'ait jamais rien revélé des ſecrets de la Maiſon, & que pour eviter même la tentation, il avoit fait convertir les étagères des archives en armoires bien ſures, & en avoit donné la clef à ſa femme. Comme il avoit paſſé une partie de ſa jeuneſſe à courir à cheval & à la chaſſe, & qu'il lui étoit inſuportable de reſter tranquilement aſſis, il ſe fit faire un trémouſſoir dans la ſalle des archives; malheureuſement la corde rompit, & l'infortuné Schlinkſchlank finit des jours qu'il auroit peut-être encore pouſſé plus loin comme Courier du Cabinet.

* * *

J'ai dit, qu'on devroit plus qu'on ne fait ſe regler ſur les differentes qualités du temperament d'un quelqu'un, avant de lui confier un poſte. Un homme incliné à la mélancolie, qu'on fait Secrétaire d'Etat, ſera, j'en conviens, fidele, laborieux & ſecret; mais dans ſon ſtile, ainſi que dans les tableaux italiens, il regnera une ſérieuſe obſcurité & peu de jour, il ſe mordra les doigts & briſera vingt plumes, avant d'écrire une lettre qui doit être polie & obligeante; il n'a ni feu ni clarté; dans tout ce qu'il fait, tout dénote la ſechereſſe & l'epaiſſeur de ſong ſang. Ç'auroit été un homme impayable pour les archives.

Met-on un homme ſanguin à la tête des finances, rien ne manquera au Maître pour ſes plaiſirs & ſa table, il n'épargnera rien pour la magnificence de la Cour, ni pour l'amuſement des Dames & des Cavaliers. Il ne ſera de la vie queſtion de diſputer ni de quereller à la Chambre; il a pour principe, qu'il ne faut jamais ſonger au lendemain; on a aſſez de peines dans ce monde, à quoi bon ſe rendre la vie dure ſans néceſſité? Et il ne s'agit jamais de néceſſité, tandis qu'on a de l'argent & du crédit. Il eſt rempli d'excellens projets, plein de bonne volonté, enflé d'eſperances & de promeſſes. Il a ſi bonne opi-

opinion du païs; des créanciers & du monde entier, qu'à la fin l'un trompe l'autre.

Cette obſervation de la diverſité des temperamens influe auſſi ſur les différentes affaires d'un Collége. Un homme colérique, qui eſt chargé de rapporter une affaire qui concerne des diſputes avec les voiſins, ne fait qu'outrer les choſes & s'y prend avec violence; il faut que tout plie ou que tout ſe briſe; mais quand la choſe ne veut aller ni d'une façon ni de l'autre, qu'on laiſſe ſeulement evaporer le prémier feu, & qu'on oppoſe à cette cervelle échauffée un ſang froid phlegmatique, elle eſt la premiére, qui ſe laſſe & cede d'elle-même; car un Colerique, qui n'incline pas en même-tems fort à la melancolie, ne peut être faché long-tems, il ſe rend, lorſque le premier mouvement eſt paſſé, à la raiſon & aux remontrances, & fait paroître une grandeur d'ame, qu'on chercheroit envain chez un ſournois malicieux, vindicatif & mélancolique. Souvent néanmoins cette qualité fait un tort conſidérable à l'affaire; mais quand on a beſoin de vivacité de feu & de préſence d'eſprit, quand il s'agit de prendre d'abord ſon parti & de le prendre vigoureuſement, c'eſt alors qu'on peut divinement employer l'homme colérique, pourvû cependant qu'il ne s'agiſſe pas, de beaucoup développer, réfléchir, temporiſer & politiquer, ce qui n'eſt aucunement ſon fait.

S'il étoit donc poſſible de diſtribuer les affaires ſelon le temperament, je donnerois au *ſanguin*:

Les affaires de grace; car un mélancolique inſiſteroit toujours ſur un refus;

 Les

Les idées d'arrangement dans toutes les classes du gouvernement; car un homme sanguin aime le détail, a des bonnes idées & un stile aimable, clair & léger.

Sur le même principe je le chargerois encore de la police inférieure & des démelés entre les gens de métier, des hôpitaux, des maisons d'orphelins & d'autres établissemens de ce genre, à cause de son cœur tendre & compatissant;

Des negociations avec les voisins lorsqu'il s'agit de traiter à l'amiable & avec addresse; lorsque toute la matiere est déja machée par d'autres;

Des affaires publiques pour le courant avec les puissances étrangeres, à cause de sa conception vive & aisée, ainsi que de l'abondance de ses expediens.

Je le chargerois de rédiger les remontrances au Prince, à cause de son stile velouté.

Je lui donnerois en général les affaires journalieres, qui se font imperceptiblement, & où il ne s'agit principalement que de bien détailler les circonstances.

Je chargerois d'abord le *Colerique* de tout ce qui sans danger ne peut se remettre, car ni le travail, ni le feu ni l'eau ne l'épouvantent.

Le même auroit le departement des négociations à la Cour Imperiale & à la diéte de l'Empire, & cela pour de bonnes raisons.

II

Il auroit à traiter avec les Cours indolentes & ſans ſiſtème, où il faut bruſquer les choſes.

Je lui donnerois la haute police ;

Les Commiſſions dans l'intérieur du païs contre les déſordres & la méchanceté des Baillifs ;

Les dettes de la Maiſon, à cauſe de la droiture & de la nobleſſe de ſon cœur ;

Les univerſités, pour reveiller les Muſes, & parcequ' il eſt rempli de bon projets ; mais que malgré cela il ſe contente, ſi de mille un vient à réuſſir.

Je chargerois le *melancolique* des procès civils ;

Des affaires épineuſes qui fatigueroient le Colerique, & que le ſanguin traiteroit trop ſuperficiellement ;

Des affaires de Concours.

Ce ſeroit à lui de raſſembler dans les archives les matériaux pour les mémoires, que je donnerois au ſanguin à mettre en ordre, & au colérique à revoir ;

Les négociations avec les voiſins, lorſqu'on n'a pas plus de droit qu'il ne faut ;

La viſite du païs, parcequ'il examine volontiers tout avec attention & que difficilement quelque choſe lui échape.

Le *phlegmatique* ne laisseroit pas de m'embarrasser, je ne lui pourrois assigner que le departement des procès, qui pendroient à un Tribunal, où la Justice est elle même si phlegmatique, qu'il y faut des raporteurs & des avocats qui lui ressemblent.

Un Chef sage qui sait mettre cet art en pratique, & qui a le talent de distribuer à chacun de ses Commis sa besogne suivant son temperament, opéreroit prèsque des prodiges. Quel Président ne feroit-il pas? Mais où le deterrer dans un siècle plein de foiblesse tel que le nôtre? Je laisse aux Souverains à en faire eux-mêmes la recherche & à l'examiner.

* * *

Il est bien des gens, chez qui on ne trouve aucune trace, qui puisse marquer qu'on les ait choisis pour le poste où ils sont; ils l'ont obtenû, comme un homme qui au lieu d'un billet blanc emporte le gros lot dans une Lotterie. Petersilius avoit été trente ans Gouverneur des Pages, & n'avoit vû aucun emploi vacant, sans le demander. C'étoit envain qu'il avoit sollicité de devenir Auditeur dans le regiment des Gardes, receveur des rentes, directeur de la Fabrique de porcelaine, Secretaire des chasses ou du Consistoire, Inspecteur de la maison de force ou de celle des orphelins, & Archivaire; on lui avoit toujours soufflé tous ces emplois. Enfin le maître de Poste vint à mourir dans la Capitale, huit jours après un Conseiller de la Chambre le suivit. Il brigua de nouveau ces deux postes, & de désespoir promit d'épouser la fille de chambre du Président. L'affaire fut décidée, le vieux barbon obtint

tint une femme qui n'étoit pas plus faite pour lui, qu'il l'étoit pour être Conseiller des finances.

Ainsi que dans les plus belles villes on trouve par ci par là une petite ruë mal batie, ainsi est-il difficile, que dans le gouvernement le mieux reglé il ne se rencontre aussi quelque sujet, à qui on ne puisse appliquer, ce que le Roi de Prusse repondit aux representations que lui avoient fait les membres d'une régence à l'égard d'un Collégue, qu'il vouloit leur donner & qu'ils regardoient tous comme incapable: *Tant de gens sages pourront bien souffrir un fou parmi eux.*

* * *

On ne peut cependant considérer que comme une malheureuse foiblesse, quand un Prince nomme quelqu'un à un emploi, sans avoir suffisamment examiné, s'il y est propre.

Tel est la ruine de son païs dans un poste, qui en auroit été le soûtien s'il eut été mis ailleurs; & un Souverain peut faire le malheur de l'homme le plus droit, le plus honnête & le plus habile par un choix déplacé. Sylvius remplit dignement le poste de Président de la Justice, mais à peine a-t-il les plus simples notions des affaires d'Etat pour un homme de naissance. On a besoin d'un Ministre pour une commission d'importance dans une grande Cour. Comme Sylvius est fort riche, & qu'il faut lui donner moins qu'à un autre, le choix du Prince tombe sur lui, malgré l'avis d'autres Ministres sages & éclairés qui s'y opposent avec raison. On ne pouvoit

voit confier l' affaire à un plus honnête-homme, mais en même tems à un plus incapable. Sylvius qui jugeoit de la droiture des autres par la sienne propre, & qui ne connoissoit aucun des détours de la politique, fut la victime des subtilités des Ministres de la Cour où il négocioit; tout fut gâté au point de ne pouvoir se redresser, ce qui entraina sa disgrace, quoiqu' il ne se l'étoit attiré qu'à demi, puisque son maitre pouvoit savoir d'avance, qu'il n'avoit pas la capacité necessaire dans des commissions aussi compliquées.

* * *

Une certaine espece de routine fait que maint génie heureux & élévé reste dans l'abbaissement & l'obscurité, tandis qu'il auroit un jour pû devenir un grand homme pour l'Etat. Dans les Cours, où pour le Ministére & la Presidence des Colléges on fait principalement attention à l'ancienne noblesse, à l'exclusion de la nouvelle & de la roture, plus encore dans celles où le Népotisme est introduit & où les emplois les plus considérables sont comme héréditaires dans de certaines familles, on oppose aux progrès des talens un *nec plus ultra* insurmontable.

Leandre a une capacité reconnue pour tout ce qu'on entend sous le nom d'affaires, il a montré en petit jusqu'où va son discernement & sa prévoyance; il a toujours réussi dans tout ce qu'il a entrepris; cependant une espece de superstition, dont on ne rend & n'ose presque demander aucun compte, le met toûjours à l'écart, lorsqu' il s'agit d'ouvrage de de consequence. Tantôt c'est l'affaire d'un Ministre, &

& l'étiquette ne permet pas qu'on en charge un autre, tantôt on ne veut point causer de jalousie à de plus anciens serviteurs; enfin l'usage ne le souffre pas, il faut que ce soit un homme de naissance; qui y perd le plus ?

* * *

Il y a d'un autre côté des Princes, qui ont la foiblesse, quand ils ont une fois trouvé un homme habile dans une affaire, ou du moins quand il a secondé leurs vües, de le croire capable des commissions les plus difficiles & qui importent le plus. Cela marque, à en juger le plus modérement, beaucoup de foiblesse du côté du Prince, & de la part du sujet ou peu reflexion, ou une effronterie outrée.

Si la personne, sur qui tombe l'aveugle confiance du Prince, a de la probité, elle ne manquera pas, dès que le premier vertige de l'amour propre sera dissipé, de faire des reflexions & de penser à ce qui lui est le plus avantageux. Le mal n'est pas là aussi si grand, & après quelques sotises les choses reprennent leur ancien train.

Mais il y a certaines gens singuliers, (je les nommerois volontiers des démons de Cabinet, si la bonne police ne s'y opposoit,) qui ont quelquefois le talent d'aveugler, d'enchanter & même de s'emparer du meilleur Prince. Ils ont quelques qualités bonnes & utiles, ils sont actifs, éveillés, infatigables, fins, serviables, gentils, hardis, impertinens. Le Prince est-il pieux, ils l'assurent de leur fidelité *aussi vrai que Dieu les a créés.* Est-ce le contraire,

que

que le Diable les mette en pieces, s'ils ne lui soient veritablement attachés; ils ont quelques bonnes idées, mais en revange dix autres qui meriteroient la corde. Ils sont prêts à donner les mains à tout ce que le Prince veut, soit bien ou mal; mais cela fait toûjours des gens dangereux dans le poste qui leur est confié. Je n'en veux pas dire davantage pour les dépeindre.

Dans ce triste cas toutes représentations sont vaines, on les attribue à l'envie, la jalousie & la calomnie. Les personnages les plus dignes & les plus respectables s'exposent aux impertinences & aux grossieretés de ces mignons, souvent même à des avanies sensibles de la part du maître. Il n'y a qu'un parti à prendre: c'est de voir venir le Prince & de le laisser devenir sage à ses dépens.

C'est là que brillent le sang froid & la prudence d'un Ministre qui sait son métier. La plus part de ces sortes de gens ne sont pas stupides au point de meconnoître leur foiblesse ou du moins leur peu de probité. Un Coquin fait à la verité son métier, & plus il est fourbe, plus soigneusement cherche-t-il à se couvrir du masque de l'honnête-homme; il sait cependant bien qu'il n'en est pas un. Mais si l'affaire prend un mauvais train, le Charlatanisme, par lequel ce fripon avoit sû gagner l'esprit du Prince, n'est-il plus de mise, le maître commence-t-il par ci par là d'ouvrir les yeux, ces droles ont ordinairement l'addresse de se tirer d'affaire, tantôt sous pretexte qu'ils sentent tout le poid des comptes qu'ils auroient à rendre, tantôt disant, qu'ils aimeroient mieux, si d'autres vouloient avoir l'œil sur leur

leur conduite, pour en rendre témoignage & impofer filence à l'envie; ou même fi le favori eft d'une claffe fubalterne, il demande, qu'on nomme un Miniftre, fous la direction de qui il puiffe travailler & il en choifit effectivement un, qui a l'eftime de tout le monde. Ceci fafcine de nouveau les yeux du Prince. Si cet homme, dit-il, étoit un fripon, il ne s'affocieroit pas un honnête-homme. Ce Miniftre véritablement droit fe laiffe-t-il féduire, fe rend-il aux foumiffions & aux marques de confiance de celui-ci ou aux ordres du Souverain, il eft un homme perdu, malgré toute fa prévoyance. Donne-t-il dans le plan formé, il fe rend refponfable des fuites, le fourbe fait fe tirer du bourbier, lorfqu'il eft tems, & y laiffe l'honnête-homme tout feul. Ne font-ils pas d'accord & fe contredifent-ils, on jette fur le Miniftre la faute du fuccès; puifque, dit-on, la chofe étoit dans le meilleur train, & quand bien même le Prince ne croit pas tout, il refte toujours fuivant la maxime de certaines gens, *Calumniare audacter*, quelque foupçon; ce qui ne feroit pas arrivé, fi cet honnête-homme avoit conftamment refufé d'entrer dans ce projet. On n'eft pas d'abord renvoyé pour de pareils refus, & quand bien même cela arriveroit, n'auroit-on pas, pour fe confoler, cette belle reflexion: heureux qui n'entre pas au confeil des méchans & qui n'eft pas affis parmi les railleurs?

* * *

Un Souverain a quelquefois en même tems trop & trop peu de Confeillers. A la verité, un Prince paye ces fortes de gens pour ce qu'ils favent, & non pas pour ce qu'ils ne favent pas; mais il n'y auroit pas de mal, fi certains avoient

avoient un peu plus d'érudition, & si d'autres ne s'imaginoient pas savoir plus, qu'effectivement ils ne savent.

C'est ce qui fait, qu'un Prince entretient plusieurs Conseillers, parce qu'ils ne sont pas tous bien savans; mais quand la plus part ne savent pas grandes choses, alors en verité tout va très mal.

Un bon païsan du W . . . avoit si souvent entendu prier pour le trop grand nombre de Serviteurs de son Maître, qu'à la fin transporté d'un zéle patriotique, il demanda pourquoi il falloit encore prier pour ces gens là, ajoutant que le Prince pourroit bien s'en débarrasser en les renvoyant. Le bon homme avoit confondu le mot allemand *zu viel* qui veut dire *trop* avec le mot *civil*, & il ignoroit d'ailleurs absolument ce que c'étoit que les départemens de l'état civil.

Les grandes Cours ont l'avantage, qu'elles s'appercoivent moins, quand par ci par là il se trouve des sujets médiocres dans les départemens; vû le grand nombre.

Aux petites Cours au contraire il faut avoir des gens à toute selle, & s'ils n'excellent même que dans une partie, du moins doivent-ils avoir une teinture de tout ce qui est rélatif aux affaires du gouvernement.

Ne vouloir apprendre tout ceci que par l'expérience, se fait très lentement, avec mille fautes aux dépens & à la honte du Souverain.

Ce

* * *

Ce qui eſt de trop peu dans une Cour, eſt ſouvent de trop dans une autre. Maints Princes ont à leur ſervice des gens, qu'ils n' entretiennent que pour la parade, & ils ſont auſſi glorieux de les avoir, qu'un Particulier l' eſt de poſſeder dans une gallerie de peintures pluſieurs morceaux de Rubens, de Vandeyck & d' autres de cette eſpece. C'eſt ainſi qu'on en agit en fait de tableau & de porcellaine; mais il eſt humiliant pour des hommes, de n'être régardés que comme des Statües. Cela ſe rapporte aux paroles de la Reine *Chriſtine* (x): „ quand „ les grands hommes ſont ſans emploi, c' eſt le „ malheur de l'Etat, non pas le leur. „

* * *

Les grands Seigneurs ſont, j'en conviens, d'aimables perſonnages. Il faut encore que je cite un autre cas: Ils ſe ſervent quelquefois de leur gens comme de leurs habits. Un Prince a une magnifique garderobe & porte un habit qui coute à peine autant qu'une livrée, dans l'idée, qu'on ſait, qu'il en a d'autres & de meilleurs. En attendant ces beaux habits viennent hors de mode, les vers s'y mettent, & les Courtiſans excuſent leur Maître, en diſant: *il ſe ſoucie peu de briller en habits.* Souvent un Prince fait de même avec ſes meilleurs ſerviteurs. Il ne s' en ſert qu'à la neceſſité, par force, & lorſque pour la parade il ne peut s' en diſpenſer; mais ſes intimes confidens & ceux qu'il conſulte journellement ne ſont que de miſérables babillards, des gens

(x) Dans ſes reflexions Cent. 3. n. 8.

gens ſans mœurs, ſans ſciences & ſans honte, qu'il peut traiter un jour en faquins, leur montrer la porte & les rappeller ce lendemain ſans leur faire aucune excuſe, comme on en agit avec un habit ordinaire qu'on jette dans un coin & qu'on repand néanmoins quelquefois.

IV.

DES MINISTRES.

Il n'y a point de condition, qu'on ne puisse rendre glorieuse, ou par ce qu'on y fait, ou par ce que l'on y souffre.

Réflexions de la Reine Christine. Cent. 10. 11. 15.

On peut juger ſainement d'un tableau & d'autres œuvres de l'art, ſans être ſoi-même ni peintre ni artiſte. L'aveu de mon inſuffiſance à pouvoir jamais figurer au timon de l'Etat, ne m'auroit donc pas mis dans un embarras qui a duré plus de trois ans, pour expoſer aux yeux du Public les idées & les ſouhaits que je forme ſur cette imporante matiére. Une reflexion affligeante d'une nature plus relevée m'a toûjours retenu. On penſe ſouvent bien d'autres choſes; je riſquerai, de découvrir avec candeur mes ſoucis. Bayle, cet auteur tranſcendant, me ſuggéra la prémiere idée effrayante; il dit (t): „ malheureux engagement que „ celui d'être aſſis au timon: Le bien de l'Etat ne „ demande pas une ou deux injuſtices pendant la „ vie d'un homme: il en demande pluſieurs. „

J'aurois enviſagé pendant long-tems comme la clameur bien au mal fondée d'un philoſophe pointilleux le dicton: que plus un poſte eſt élevé, plus l'homme, qui le remplit, doit avoir de probité, ſi de bonne heure ma propre expérience ne m'avoit guéri de ce préjugé. Mille remarques & des épreuves facheuſes me jetterent preſque dans l'extrêmité oppoſée, & je me ſerois bientôt perſuadé, qu'il étoit impoſſible de reſter un honnête-homme, dès qu'on parvenoit au Miniſtére. L'incomparable Comte *de Teſſin* écrit au Prince Roïal: „ Un grand Seigneur „ qui n'a pas le cœur bon, n'a point d'amis, & qui

 à ce

(t) Diction. v. *Ariſtide*. T. I. p. 342.

„ à ce prix voudroit être un grand Seigneur? „ Rempli de cette accablante idée je fis d'abord cette application : Un homme qui a le cœur bon, ne sauroit être Ministre, & qui voudroit l'être à ce prix? Je comprénois sous le nom d'un bon cœur un cœur aussi bon que je m'en souhaiterois un à moi-même.

Un cœur vraiment bon est le plus facile à se laisser tromper, il oublie aussi bientôt des offenses personnelles, & fait consister sa propre satisfaction à éviter desormais d'avoir à faire à des gens, qui n'ont que le masque de l'honnête-homme.

Je passai des personnes à la chose même, & je considérai avec plus de sang froid l'homme d'une probité reconnüe dans le poste de Ministre. Il me parut infiniment respectable; je découvris en lui un heureux mortel, qui a journellement en main l'occasion de travailler à la felicité de tout un païs, de recompenser la vertu, d'encourager les arts, de soulager les pauvres & les malheureux, & de les consoler dans leur misére; j'appris à éstimer cet amour de l'humanité, qui enflamme le cœur d'un homme que des milliers d'autres environnent, pour se chauffer à ses conseils, à ses secours & à ses bienfaits. Les travaux souvent frivoles, & lorsqu'ils réussissent le mieux, la plus part du tems infructueux, des savans les plus profonds, devinrent à mes yeux des jeux d'enfant, en comparaison de l'utilité immediate qu'un Ministre integre peut retirer de ses soins. Un seul édit utile pour la consolation du païs me parut dans son espéce un ouvrage bien plus intéressant que les volumes immenses des compilateurs, d'un *Lunig*, d'un *Grævius* & d'un *Muratori*.

Mais en m'approchant pour considérer de près un tableau si plein d'attraits, j'appris à connoitre le Ministre en robbe de Chambre, je le suivis avec les amis à qui il permettoit l'entrée de son cabinet, je vis, oui, je le vis moi-même, des mains qui se tordoient, de profonds soupirs, de chaudes larmes, des soins infinis, peu d'esperance, point de répos, & des consolations peu efficaces. Son bureau étoit l'interpréte de ses soucis; je pouvois m'en approcher, je le fis en prenant part à ses peines. Ici étoient les cris de tout le païs contre un mauvais garnement, à qui le Maître avoit donné une espéce de sauf conduit qui le sauvoit de la corde; là, les plaintes d'un Comte voisin, à qui l'arrangement œconomique du Prince foisoit tort; plus loin j'apperçus les mandemens decrétés par les tribunaux de l'Empire pour forger des subterfuges juridiques pour la liquidation des dettes de la maison, une reponse negative au placet d'un homme capable qui demandoit qu'on augmentât de quelques cordes de bois ses minces appointemens; un brevet pour une pension de 500 florins en faveur d'un forêtier qui avoit épousé la maitresse du Grand-Veneur; une mercuriale pour la Chambre des Finances, qui s'opposoit à plusieurs projets, auxquels le Prince avoit donné son approbation & qu'il vouloit voir executés, quoiqu'ils fussent une nouvelle charge pour ses sujets; je vis devant moi une victime de l'Etat, un homme perpetuellement tourmenté & qui au moins une fois par jour couroit risque de se damner, qui par crainte des uns, & par complaisance pour les autres, pouvoit faire des injustices marquées, chez lequel un ordre absolu de son Maître, le suffrage unanime & prèponderant de quelques autres, certains principes de la politique universelle, difficiles à changer,

 des

des vices profondement enracinés dans l'œconomie particuliére de la Maiſon & de l'Etat, le manque d'habiles & honnêtes compagnons, d'autres obſtacles invincibles, mais qu'on a honte de nommer, étoient capables d'étouffer la voix de la vertu, de la conſcience, de l'humanité, de l'equité naturelle & même du droit le plus precis (u), qui ſe trouve dans la dure neceſſité pour ſon propre honneur & celui de ſon Maître de couvrir & d'excuſer des deſordres manifeſtes, & qui ſe voit obligé de diſculper publiquement ce qu'il condamne & ce dont-il gémit en ſecret, qui par une foibleſſe humaine trop générale, par vivacité ou par pareſſe de tempérament, par un manque d'examen, par de faux rapports, par caprices & par préjugé peut journellement commettre tant de fautes inconnües & peu fondées, qu'il ne lui reſte à la fin d'une auſſi pénible carriére, & moins même qu'à tout autre homme de la plus baſſe éſpéce, au lieu de la gloire & du mérite qu'il auroit dû acquerir, d'autre eſpoir devant Dieu que ſa miſéricorde infinie.

Otez cette eſperance, il n'y a en verité point de créature plus à plaindre qu'un Miniſtre, qui du moment, qu'il eſt nommé à ce poſte, ne ceſſe d'être importuné; qui penſant avec droiture, ſonge à ſa conſcience & veut mourir en repos, & ſe voit en même tems obligé (ce qui n'arrive que trop ordinairement) de ſervir un Maître plus incliné au mal qu'au bien.

Frappé

(u) Tel Miniſtre à la Cour, pour le bien de l'Etat,
Fait, en homme d'honneur, des coups de ſcélérat.
Souvent, pour éviter la noire ingratitude,
On tombe dans le crime & dans la ſervitude.

C. de Baar.

Frappé de ces impressions vivantes, & également convaincu, que, quand bien-même j'aurois les talens & les capacités requises pour briguer le Ministére, je préférerois toûjours la fureté d'une vie privée dans un état d'abaissement, à la cime des grandeurs exposée aux tempêtes & aux tourbillons (y), je n'en ai cependant pas moins l'éstime la plus tendre pour un petit nombre d'illustres personnages que je connois, qui ont poussé la pitié & la compassion jusqu'à sacrifier leurs forces & leurs vies mêmes au service d'un Prince & d'un païs, qui, à le dire franchement, ne valoient gueres mieux l'un que l'autre. Je m'étonne qu'on trouve encore des hommes, qui, avec beaucoup d'esprit & un bien honnête, sont prets, souvent pour un tres mince salaire, de se charger des pénibles travaux & des inquiétudes d'un Prince, à qui ils se devouent, quoiqu'ils ne puissent le considérer, malgré toute la force de la prévention, que dans un jour méprisable. Comme ami, je plains son Excellence, & comme patriote, je me rejouis, qu'il y ait encore un honnête-homme qui veuille être Ministre; & je n'en excepte que le cas, toûjours très rare, où parmi les Rois on trouve un *George* d'Angleterre, un *Fréderic* de Dannemark, parmi les Princes un Duc *Erneste* de Gotha, & un Ministére composé comme celui de Copenhague

(y) Si rempublicam recta ratione geri viderem, & ad summos honores acquirendos mihi facillima essent omnia, ascendere tamen altius non magnopere laborarem. Nunc vero, cum insignia ista dignitatum non virtuti industriæque, sed improbitati, inertiæque tribui videam, neque hujusmodi præmia, si mei similis esse volo, optare debeo, neque cum ab iis artibus, quibus hæc parantur, pessime instructus sim, operare possum. BUNELII Epist. p. 76. 77.

gue & d'Hannovre; (on rencontre par ci par là, quoiqu' en petit, des copies particuliéres de ces grands modelles.) C'eſt là qu'un bon Maître mérite de bons ſerviteurs, & qu' un bon Miniſtre eſt digne des plus excellens Collégues.

Puiſque non obſtant cela je riſque enfin de crayonner le caractére d'un Miniſtre, je le peins ici tel que je les voudrois tous, tel qu'il y en a encore, quoiqu'en petit nombre, & pour prouver, combien il eſt difficile, mais cependant pas impoſſible, d'être en même-tems Miniſtre & honnête-homme; mais quels talens ſupérieurs & raviſſans ne demande pas un poſte d'un ſi grand poid, outre le meilleur cœur & la probité la plus examinée?

Le tableau ſera dans ce cas très imparfait; car pour peindre un Miniſtre, tel qu'on en exige à de certaines Cours, il faut des traits, dont je ne veux pas infecter ma plume. Devenir un fripon, pour plaire à un Prince, & ſe damner pour l'honneur de ſon Roi, c'eſt ce que verront nos neveux, comme nous le voyons tous les jours; mais l'art d'y parvenir s'apprend à une école que je n'ai jamais voulu frequenter.

* * *

Un Souverain qui veut regner par lui-même, doit d'un ſeul coup d'œil voir la totalité des affaires, & s'attacher en premier lieu & principalement au grand; il doit cependant auſſi s'entendre au détail. Un Général d'Armée parle du métier tout autrement qu'un Caporal.

Quelque

Quelque ſuperieur que ſoit l'eſprit d'un Prince, il ne peut cependant ſe paſſer de Miniſtres. L'experience nous le prouve.

Un Prince foible & d'un eſprit médiocre, ou qui n'a ni les talens néceſſaires pour regner, ni l'envie de les acquerir, doit indiſpenſablement avoir un Prémier-Miniſtre, qui en le repréſentant faſſe ſon ouvrage.

Je ſais & reſpecte tout ce qu'on allégue contre les Prémiers-Miniſtres. Les grandes & les petites Cours d'Allemagne (ſans parler du dehors) nous fourniſſent de trop triſtes preuves de tous les deſordres qui en peuvent naître. Mon idée eſt ſeulement, que dans le nombre des Miniſtres il pourroit y en avoir un, &, dans le cas que je viens de citer ci-deſſus, il faudroit qu'il y en eut un, en qui le Prince eut une confiance de prédilection, qu'il conſultât préférablement aux autres, qui ſût le mieux, comme il faut prendre le Maître, qui eut le plus le talent de lui plaire, qui pût lui parler le plus librement, & qui fut ſupérieur à ſes Collégues par une élévation d'eſprit reconnüe, une prévoyance conſommée, des connoiſſances plus étendues, une conception plus faci-le, & qui depuis long-tems ſe fut fait une réputation, au point que quand même un étranger viendroit à parler du Miniſtére de cette Cour, cet homme ſe préſentât d'abord à ſon idée; peu importe au reſte qu'on l'apelle Préſident du Conſeil, Miniſtre, Chancelier, ou ſimplement Conſeiller privé.

Je ne prétends pas ici reformer les Colléges, ce ſeroit au contraire un moyen ſûr de mettre des bornes au pouvoir de cette eſpece de Prémier-Miniſtre,

niſtre, & dans ce dernier cas il n'y a même rien à craindre du danger inévitable avec les Miniſtres les plus en crédit.

Rien de ſi beau & qui donne une idée plus brillante & plus avantageuſe du caractére d'un Prince, que lorſqu'on lui fait pluſieurs Miniſtres égaux en crédit, en mérite & en lumiéres!.

Je crois néanmoins, qu'il ſeroit bon & qu'il devroit y avoir dans chaque Collége, même dans les prémiers, un homme qui en fut comme le directeur & l'oracle; comme la charniére, qui ferme un ouvrage, ou le reſſort qui fait mouvoir une montre.

Auſſi le trouve-t-on dans les meilleurs Gouvernemens. On a ſans contredit à . . . . un grand Prince, qui brille de mille qualités, rien de ſi reſpectable que le Miniſtére, rien de ſi ſavant ni de ſi habile que les Membres des Tribunaux, rien de ſi ſage que le Gouvernement, rien de ſi ponctuel que la façon d'y traiter les affaires dans les Colléges; quand cependant on parle ailleurs de . . . . on nomme d'abord par préférence un M . . . un S . .

On n'a pour en être encore plus convaincu, qu'à examiner le contraire. On ne ſait ſouvent ce qui manque dans une Cour ou dans un Collége; chacun fait ſon devoir, on n'y peut citer aucun vice dominant, cependant tout y va en deſordre, & avec lenteur, tout y eſt bouleverſé, & on s'y arrête tout court dans l'exécution des plans les mieux digérés. Il y manque, ſi j'oſe me ſervir d'une comparaiſon ordinaire, la Maitreſſe de la maiſon, ou la perſonne qui après le Maître doit diriger les affaires, les

mettre

mettre en train, les animer & entretenir la correſpondence & l'harmonie neceſſaire dans le total.

* * *

Mais alors un Miniſtre qui eſt au prémier ou au ſecond poſte de l'Etat, doit moralement s'attirer l'amour, le reſpêt, la confiance & les loüanges d'un chacun, & meriter le temoignage honorable que le Cardinal *Mazarin* rendit à Monſieur *de Lamoignon*, Prémier-Préſident du Parlement de Paris: „ Monſieur, ſi le Roi avoit pû trouver dans ſon Royaume un plus homme de bien que Vous, il ne Vous auroit pas donné cette charge (z). „

La plus part de nos Princes allemans ſuivent aveuglement en ceci leurs inclinations, & ils regarderoient comme une infraction à la paix de Weſtphalie, & un attentat à la ſouveraineté établie par la Capitulation Imperiale, ſi on vouloit gêner leur choix à ce ſujet. Qu'un païs eſt heureux, lorſqu'un Prince, dans un point qui regarde ſi immédiatement le bonheur de ſes ſujets, n'agit pas purement ſuivant ſon bon plaiſir, qu'il doit conſulter ſa nation, pour avoir ſon applaudiſſement, qu'en outre il ſe trouve les mains liées par les loix & les concordats faits avec l'Empire & les Etats. Un bon Roi, un Prince ſage n'y perd jamais rien, tandis qu'heureuſement un Souverain imbécille ſe trouve les mains liées. Que d'affreux exemples l'hiſtoire de France ne nous fournit-elle pas des deſordres des Miniſtres favoris? Le Cabinet de pluſieurs Cours puiſſantes de l'Allemagne nous en donne tant du

(z) Voyes les hommes illuſtres, qui ont parû en France, par Mr. *Perrault*, T. I. p. 88.

du passé que de nos jours, qui ne sont gueres moins tristes, & mainte Cour se voit reduite à essuyer aux yeux de l'Univers le sensible reproche, que c'est au trop grand crédit du Ministre & du Favori qu'elle doit tous ses malheurs & ceux du païs.

Mais si c'est une faute capitale aux grandes Cours, de se donner trop peu de peines pour choisir les sujets, c'est en revanche une foiblesse dans laquelle maint petit Prince donne, lorsqu'il prétend trouver des hommes, qui pour le politique soient des Ministres de Cabinet, pour le droit des Juges Auliques & pour les finances des alchymistes; ils doivent encore joindre à ceci mille autres qualités aïmables, & pour tout cela, oté le logement & un peu d'eau bénite de Cour, on les paye si mal, qu'à leur mort il faut que leurs enfans aillent demander leur pain. Ce qui est d'autant moins raisonnable que l'experience nous confirme ces deux sentences énergiques de la Reine *Christine* qui dit (a): „ Les plus petits „ Etats ont de quoi occuper la capacité des plus „ grands hommes; „ &: „ les grands Princes font bons „ Ministres. Les petits Princes chicanent tous ceux, „ qui ont le malheur de leur être sujets. „

* * *

Une sotte superstition regne encore dans de certaines Cours, qui se conduisent par de vieilles & méchaniques routines, lorsqu'il s'agit de choisir ou de remplacer un Ministre. C'est, dit-on, le plus ancien Conseiller de la Regence, on ne peut cependant pas lui faire de passe-droit, il faut consequemment qu'il

(a) Reflexions de la Reine *Christine*, Cent. I. n. 28. & Cent. 9. n. 20.

qu'il ſoit Conſeiller privé. Tel peut être un très bon Conſeiller, qui n'eſt nullement fait pour être au timon des affaires.

* * *

C'eſt ici qu'on pourroit débattre la queſtion : Lequel ſeroit plus avantageux, de donner les prémieres poſtes aux gens du païs, ou aux Etrangers? Dans un Gouvernement puiſſant & regulier cela tombe de ſoi-même. Ce ne ſera ni en Angleterre ni en France, ni en Ruſſie, ni en Eſpagne &c. qu'on prendra des Etrangers dans le Miniſtére, ou, quand cela arrive, cela finit comme avec un *Porto Carrero*, un *Riperda* & un *Oſtermann*. La queſtion ne regarde que l'Allemagne en elle même, je veux la diſcuter en peu de mots. Un Etranger ne connoit ni le païs ni ſes Conſtitutions, il faut qu'il étudie l'un & l'autre, ce qui demande du tems & fait ſouvent tort; il n'a pas pour l'Etat le même attachement & le même ſoin qu'un homme qui y eſt né; il ne cherche peut-être qu'à s'enrichir & à faire paſſer ſes richeſſes ailleurs; il neglige les nationaux & donne les meilleurs poſtes à des Etrangers. Un homme du païs eſt attaché à la Patrie par le devoir & encore plus par l'inclination; il ſe contente de peu par reconnoiſſance des biens, qu'ont déja tiré ſes ancêtres, & dans l'eſperance de ceux qui pourront échoir à ſes enfans au ſervice de l'Etat; il a le prémier droit ſur le Prince & la Patrie; mais ces droits ſont reciproques & ceux-ci peuvent auſſi prétendre qu'il employe pour eux tout ce qu'il peut avoir acquis de ſcience; il connoit de longue-main les circonſtances & les conſtitutions du païs; il ſait mieux ſe plier aux mœurs & au génie du peuple. Enfin rien de ſi honorable à un Prince, que de n'avoir que de ſes ſujets à ſon ſervice. On

On peut repliquer en faveur des Etrangers, qu'il y a moyen d'apprendre ce qu'on ne ſait pas, & un Miniſtre a d'autant plus de facilité que tout ſe paſſe ſous ſes yeux & que tous les canaux lui ſont ouverts. On a autant d'exemples de ſervices rendus à un païs par des Etrangers, que par des Nationaux. Tout Chrêtien & tout honnête-homme regarde comme ſa patrie, le païs, ou Dieu l'a appellé; il faudroit penſer bien petitement, pour reſſerrer les devoirs de la societé civile dans des bornes auſſi étroites. On a vû, il eſt vrai, des Etrangers s'enrichir; on en a vû auſſi tout autant, qui ont dépenſé leur bien de famille dans le païs où ils ſont venus. Si les Etrangers, qu'ils attirent au ſervice, ſont gens d'un merite diſtingué & habiles, ils ne font que leur devoir, en les faiſant venir.

Ce qui parle auſſi extrémement pour les Etrangers, eſt, qu'un homme, qu'on cherche ailleurs, eſt cenſé avoir des talens ſupérieurs & un ſavoir extrême. Il apporte une expérience conſommée & des lumières qu'il peut employer pour le bien du païs; ni intérêt de famille ni égard perſonnel ne le retient, ce qui lui laiſſe les coudées d'autant plus franches dans bien des cas. Un Etranger ſert ordinairement un Prince, dont il n'eſt pas ſujet, avec un attachement bien plus vif & plus épuré, & reconnoit en lui un bienfaiteur, qu'il veut gagner, en le forçant de rendre juſtice à ſes bonnes qualités; tandis qu'un homme de païs regarde les poſtes les plus diſtingués & les plus conſidérables comme une proye qui ne peut lui échaper, & par foibleſſe humaine, par haine ou amitié de famille, par manque d'uſage de ce qui ſe paſſe au déhors, (car maint Miniſtre national n'eſt ſorti du païs, depuis qu'il a quité l'univerversité, que pour aller aux bains les plus proches) par là, dis-je, il fait & neglige mille choses, qui ne s'accordent pas avec le véritable intérêt de l'Etat & du Souverain.

Les Etats du païs représentant à un Comte d'Ostfrise, qu'il prenoit trop d'Etrangers à son service, & le suppliant de labourer à l'avenir avec ses propres bœufs,' il leur repondit: „ qu'il ne vouloit pas „ se faire servir par des bœufs. „ Cela est à la lettre & on en peut conclurre avec justice: que quand un païs fournit assez de sujets de mérite, capables & habiles à remplir les differens postes, le devoir & la raison exigent, qu'on les preférc aux Etrangers; mais dans le cas opposé, un Prince fait très-bien, de ne pas mettre des bœufs à la tête de sa Régence, & d'attirer du dehors tout ce qu'il peut de mieux, quoiqu'il lui en coute, pour les avoir.

* * *

On a depuis peu commencé à faire une difference entre Conseiller privé & Ministre. Cela nous vient sans doute des François, de qui nous en avons pris l'usage & le nom. La fureur de s'aggrandir, qui s'est augmentée d'un jour à l'autre à la Cour, a rendû ce titre plus commun; la politique est aussi cause dans de certaines Cours, qu'on distingue le Conseiller privé du Ministre de Conférence ou de Cabinet, & le trafic des titres pour lesquels nos Allemands sont si passionnés, a tellement inondé l'Empire de Conseillers privés, que si effectivement tous ces gens avoient quelque chose à dire, tout seroit dans la derniere confusion. Mais la plus part de ceux, qui portent ce titre, sont, (plût à Dieu! qu'il n'en fut pas de même de tems en tems des Conseillers privés

 actu-

actuels) la plus part, dis-je, sont véritablement privés (b), c'est à dire des Conseillers, à qui on fait un mistere de tout ce qu'ils doivent ignorer, ou de ce que tout le monde ne doit pas savoir.

Sans parler de cette espece de distinction, qui part du bon plaisir du Maître, il y a néanmoins une difference réelle, entre Conseiller privé & Ministre. Tel peut être un excellent homme de Chancellerie, qui n'est nullement fait pour le Cabinet, il peut former des plans incomparables & l'emporter par ses lumiéres de beaucoup sur le dernier, sans avoir le talent, de traiter verbalement l'affaire la plus aisée; ainsi l'un fait le plan, & l'autre l'execute. Si ces deux qualités se rencontroient dans la même personne, cela formeroit un grand homme d'Etat. Un Ministre dans le sens d'aujourd'hui, est l'homme du Prince ou l'employé à la Cour & dans les Ambassades; souvent même il n'est que pour la parade, pour babiller & donner à manger . . . au lieu que le Conseiller privé est cet homme laborieux & tranquile, qu'on voit peu à la Cour, même aux jours de gala, mais qu'on trouve presque toujours en robe de chambre environné de papiers. Il est inutile de dire, que je n'ai ici en vuë que les païs où l'on a établi une difference entre Ministre & Conseiller privé, car plusieurs autres Cours ont conservé ce titre, sans en affoiblir la dignité. Nous n'avons à présent encore que des Ministres de Cabinet, d'Etat & de Guerre; peut-être verrons nous un jour exister le titre de Ministre de la chasse ou de Ministre provincial, car nous avons déja des Conseillers de ce nom.

J'aurois

(b) L'equivoque roule sur le mot allemand *geheimt* qui veut dire secret.

J'aurois bientôt oublié un autre motif de cette distinction : Jadis nos Princes aſſiſtoient plus aſſiduement au Conſeil qu'ils ne le font aujourd'hui. Cela a ſon bon & ſon mauvais. De là eſt né l'homme de Cabinet, l'homme de confiance, enfin le Miniſtre dans ſon ſens le plus précis. C'eſt lui qui eſt le Referendaire perpetuël & pour ainſi dire le porte-voix des autres; mais particuliérement du Conſeil d'Etat. Chacun a ſon goût, & il en eſt des titres, comme des habits. C'eſt la mode qui décide, ſans quoi le titre de Conſeiller privé me paroitroit beaucoup plus reſpectable; car à le prendre à la lettre, on a du moins quelque choſe à conſeiller, au lieu que le Miniſtre n'eſt que le très-humble ſerviteur de la volonté & des differens caprices du Prince ou du Monarque.

* * *

Mais pour qu'un Prince, ſa Maiſon & ſon païs puiſſent ſe promettre des avantages, de l'honneur & de la bénédiction des travaux d'un Miniſtre, il faudroit naturellement, que celui-ci joignit à un vrai & pur amour de Dieu une conſcience délicate & éprouvée, ainſi qu'un cœur rempli d'humanité; mais comme on trouve auſſi peu toutes ces qualités dans les perſonnes de ce rang, qu'on les y cherche, je ne veux pas perdre mon tems à barbouiller inutilement du papier, pour louer des vertus qu'on ne deſire pas. Les habits ſe ſont retrécis & racourcis à la Cour, les conſciences au contraire y ſont devenues plus larges. Comment ſe porte la conſcience de votre Excellence? pourroit-on plutôt demander à maint Miniſtre que des nouvelles de ſa ſanté, ſur laquelle ſon air jovial ne laiſſe aucun doute. Pauvre conſcience! Conſcience chargée, tourmentée &

ſans honte! La conſcience de l'éminentiſſime Cardinal de Richelieu ſe faiſoit-elle encore entendre (c), lorſque dans ſon fameux Teſtament politique il écrit à ſon conſcientieux Monarque (d): „ La probité d'un Miniſtre public ne ſuppoſe pas une „ conſcience craintive & ſcrupuleuſe; au contraire, „ il n'y a rien de plus dangereux au gouvernement „ de l'Etat; vû qu'ainſi que du manquement de conſcience, il peut arriver beaucoup d'injuſtices & „ de cruautés; le ſcrupule peut produire beaucoup „ d'émotion, & d'indulgences préjudiciables au „ public; & qu'il eſt très certain, que ceux, qui „ tremblent aux choſes les plus aſſurées, par la crainte de ſe perdre, perdent ſouvent les Etats, „ lorſqu'ils pourroient ſe ſauver avec eux! „

J'ai exigé, qu'un Miniſtre eut de l'humanité; je l'avoue moi-même, c'eſt pretendre beaucoup. Souvent un homme parvient à ce poſte avec l'ame la plus douce, les penſées les plus nobles & les projets les plus droits. Mais il ſe forme imperceptiblement une peau qui endurcit; peu conſervent juſqu'au milieu, de leur Miniſtére ce cœur ſenſible & compatiſſant, qu'ils avoient d'abord, & moins encore le conſervent juſqu'à la fin. Rien de ſi aiſé que de comprendre d'ou cela vient. Soit par vanité, ſoit par un principe plus louable & plus elevé, un Miniſtre tache ordinairement de ſe mettre en bonne odeur dans le païs, de s'y faire aimer & reſpecter, il s'empreſſe à ſervir & à être utile à un chacun; qui ne s'addreſſeroit pas volontiers à lui? Peu à peu l'affluence devient trop grande, il en coute ſouvent trop de peine pour percer avec les meilleu-

res

(c) Tom. 2. p. 246.

res intentions; il ſe rencontre des obſtacles, qu'on ne veut pas lever, on ne ſe ſoucie pas juſtement pour un honnête-homme, pour une pauvre veuve, de choquer des gens qui dans d'autres occaſions pourroient nous le rendre; les ordres du Maître, l'honneur de la Maiſon, le bien des Finances ſe trouvent en compromis avec des demandes fondées ſur le droit & la raiſon; on ſeroit charmé, ſi un Ange deſcendoit du ciel pour rendre juſtice à ce pauvre miſérable, on ne peut cependant pas à cet effet ſe brouiller avec le Prince & les Tribunaux; on conſole, on donne de bonnes paroles, on s'offre de recommander l'affaire ci & là; peu à peu on s'accoûtume aux ſollicitations, à promettre & à manquer de parole, on ſe fait d'un côté aux plaintes & de l'autre aux contre-ordres du Souverain. La bonne volonté ſe laſſe, l'amour du prochain ſe tiédit, on prend l'habitude de mentir & de promettre ce qu'on ne veut pas tenir, on en fait à croire aux gens, ou jette la faute ſur d'autres. Cet homme autrefois ſi zelé, ſi humain, devient à la fin un chien muet de Cour, & tout ſe termine comme dit l'Abbé de *Montgon* (d): „ On eſt vertueux on eſt devot, mais „ cependant on aime les honneurs & le crédit qui „ les procure; celui qui diſtribue les graces paroit „ facilement juſte, pendant qu'on remet chrétienne„ ment à la Providence le ſoin de delivrer celui, „ qu'on voit dans l'oppreſſion. „

* * *

Il faut que la probité d'un Miniſtre ſoit active. Ce n'eſt pas être vertueux, que de ſe tenir aux ſimples ſouhaits, & ce n'eſt pas avec des larmes qu'on ſoulage

(d) Dans ſes mémoires T. I. préf. §. 4.

ge un miſérable. Je ne puis abſolument accorder toute mon eſtime à un Miniſtre, que je reſpecte ſincerement pour mille autres bonnes qualités, quand je le vois paſſer des heures entieres à s'occuper des affaires & des maux d'autrui, rempli de bonne volonté pour l'Etat & d'amour pour la juſtice, plein de zele pour la proſperité de la maiſon, qui même gémiroit de bon cœur & feroit de ferventes prieres pour en détourner la malédiction, & qui pendant pluſieurs années n'a rien fait de plus intéreſſant. S'il ne fut pas devenu Miniſtre, tout le monde l'auroit toujours regardé juſqu'à ſa mort comme digne de l'être.

* * *

Quant à l'eſprit, une doſe médiocre eſt ce qui vaut le mieux pour un Miniſtre. Un genie ſupérieur dans le Cabinet d'un Roi eſt un homme dangereux pour le répos de l'Etat & des voiſins; près d'un Prince d'une puiſſance médiocre il occaſionne mille intrigues & mille entrepriſes outrées, & dans une petite Cour il met le maître à deux doigts de ſa perte. Nous avons eu de tous trois des exemples frappans. Eſt-il bien vraiſemblable que nous . . . ſi un Eſprit plus borné s'étoit trouvé à la tête des affaires de cette Cour ?

Il n'y a pas grand art, à mettre tout un païs en mouvement, à y ſemer le trouble & le deſordre, à y faire parler de ſoi, à faire trembler tous les Dicaſteres. C'eſt un bonheur qu'on partage avec un Cartouche & tous les Voleurs de grands chemins. Mais, ſavoir diriger & regler le mouvement des affaires politiques, introduire ſans bruit les améliorations neceſſaires, les pratiquer & les faire réuſſir

en

en s'attirant l'amour & le respêt des peuples, voilà ce qui est bien plus digne de louanges, quoique ce soit l'ouvrage tranquile d'un homme sage & posé.

* * *

Un Ministre doit avoir une certaine élévation, étenduë & fermeté d'esprit, pour connoître à fond tous les objets qui souvent se croisent, pour les embrasser & s'en rendre maître, au point de les pouvoir peser plus murement, sans quoi les affaires l'embrouillent, & il les embrouille à son tour.

* * *

On peut prétendre comme une qualité indispensable à un Ministre, qu'il sache mûrement juger des choses. C' est un vrai malheur quand avec mille autres qualités aimables & estimables celle-ci lui manque; car on peut plus aisément se passer de toutes les autres & y suppléer, qu'à ceci. Un esprit perçant & profond est le propre d'un grand genie. C'est ce qu'on ne peut se donner soi-même, souvent des Rois se disputent un personnage si distingué, sans pouvoir l'obtenir. Un Cœur droit, une bonne tête, & un esprit sain, voilà ce que des Princes, qui pensent bien, doivent & peuvent exiger d'un homme, qu'ils veuillent honorer de leur confience & mettre à la tête de leur Conseil.

Je le repéte encore ici, un homme trop profond, fait non seulement tort à son Maître, mais souvent il gâte les affaires, il voit trop à la fois, il se représente toutes les difficultés & les facilités de l'execution d'un projet, d'où il dérive ou une irrésolution, dont les ſuites ſont ſouvent plus fatales qu'une conduite aveugle & inconſiderée, ou l'on prend, lorſqu'on ſe trouve environné de tant de moyens poſſibles, dans de certains momens critiques & preſſans juſtement le parti, dont le bon ſens le plus ordinaire auroit connû tout le maûvais. Je ne dis pas que ſans aucune reflexion & ſans combiner les meſures qu'on pourroit prendre, il faille s'abandonner au pur hazard, ce ſeroit agir comme un homme, qui mangeroit tout ſon bien, dans l'eſpérance d'en regagner d'autre à une lotterie. Il ne faut point recourir aux prodiges tant que les moyens ordinaires nous ſuffiſent. Mais il eſt ſur auſſi, & ſans feuilleter l'antiquité, nous pouvons le prouver par des exemples de nos jours, qu'une Cour avoit formé les plans les mieux dirigés, & dont on pouvoit d'avance par un calcul mathématique ſe promettre les ſuites les plus heureuſes, qui ont cependant produit un effet tout contraire ; tandis que d'autres Cours ſans rime, raiſon ni réflexion ſe ſont abandonnées aux vagues, comme un vaiſſeau ſans mât & ſans voiles, & ſont (à en juger humainement) parvenuës au port par un bonheur auſſi aveugle, au point que l'imbécilité paroiſſoit triompher de la prudence, & chacune ſelon ſa meſure a ſervi à confirmer ces deux anciennes vérités: que le monde eſt gouverné par la ſageſſe de Dieu & les folies des hommes, & que la Providence confond ſouvent la ſageſſe des meilleures têtes, tandis qu'elle fait réuſſir les ſimples.

* * *

Un Miniſtre doit ſavoir ſe plier à tout, s'occuper à differentes affaires, paſſer de l'une à l'autre ſans que cela puiſſe embrouiller ſon eſprit, ni obſcurcir

cir son caractere. Cette qualité adoucit le caprice, défaut qu'avec l'age, dans le fatras des affaires désagréables, & accoutumé à commander, on ne prend que trop aisément; ce defaut est-il insuportable pour les égaux & les inférieurs, est il, comme il l'est en effet, une preuve sure d'un genie mince & borné, il sied en même tems si mal à un homme en place qu'on peut à bon titre exclurre du Ministere le plus honnête & le plus habile homme, purement & simplement parcequ'il est capricieux.

Je crois qu'il n'y a pas besoin d'éclaircissement, pour ne pas confondre le caprice avec une fermeté mâle & consciencieuse, car rien de si aisé que de passer pour capricieux dès qu'on ne veut pas faire aveuglement les volontés d'un maître fantasque, injuste & prodigue, ou se prêter aux bizarreries de sa maitresse & de son favori.

* * *

Il est necessaire qu'un Ministre ait un certain feu, mais il ne faut pas qu'il enflamme, consume & fonde tout ce qui l'environne; ce doit être, si je puis par là m'expliquer plus clairement (en sens moral) une force électrique, par où il repande des étincelles d'application, de zele, & une commotion salutaire sur ceux qui le voient, l'entendent, travaillent avec lui & sous ses ordres. Un Ministre engourdi fait autant de tort au gouvernement que le peu de motion à un homme replet.

Il n'est pas moins vrai aussi, que trop de vivacité, je ne parle pas même de la chaleur, est d'une façon aussi nuisible aux affaires, qu'une paresse dominante.

Je penſe ici au phlegme miniſtérial ſi eſtimé, ſi admiré & ſi neceſſaire dans un homme d'Etat. Il marque, ſelon qu'on le prend, une heureuſe egalité d'ame, choſe qui s'acquiert par le long uſage des affaires, ou un caractere mauvais & inſenſible. Dans le premier cas c'eſt un effet du courage du héros politique, qui demeure toujours immobile au milieu des dangers, des orages & de tous les évenemens poſſibles, ſemblable au héros qui au milieu du feu & de la fumée prend une priſe de tabac avec le même ſang froid qu'il la prend ſur la table, où il fait ſes plans; c'eſt une ſuite de cette prudence profonde, qui ne ſe gagne qu'à force de maturité & d'expérience; ſouvent il denote un rare, mais heureux mélange de temperament, preuve d'un eſprit né pour les affaires publiques, qualité toujours bonne, mais doublement néceſſaire à un Miniſtre dont le Maître, ſoit jeune ou vieux, eſt ſi extrèmement vif, qu'on n'en oſeroit nourrir le feu, ſans craindre d'embraſer la maiſon. C'étoit cette qualité que poſſedoit au ſupreme degré le grand Chancelier de Suede *Oxenſtierna* (e), dont l'hiſtoire rapporte. „ Le „ Roi avoit en *Oxenſtierna* une confiance auſſi en„ tiere, que jamais un ami pouvoit l'avoir en ſon „ meilleur ami. Etant en Pruſſe, & voulant un „ jour hazarder une entrepriſe où il y avoit beau„ coup de riſque, *Oxenſtierna* l'en diſſuada, en lui „ faiſant voir le grand danger qu'il courroit. Gu„ ſtave lui dit: „ Vous êtes toujours trop froid dans „ toutes vos affaires & vous m'arrêtez dans ma cour„ ſe. Il eſt vrai, Sire, repondit *Oxenſtierna*, je le „ ſuis; mais ſi je ne jettois pas quelque fois de l'eau

(e) Memoires de la Reine Chriſtine, T. I. p. 18.

„ l'eau dans votre feu, vous feriez déja tout „ brulé. „

A prendre le phlegme du mauvais côté, il marque un homme qui n'a ni honte ni confcience, chez qui les larmes, les prieres & les lamentations ne font aucun effet, qui peut entendre les reproches les plus vifs, fans s'emouvoir ni en rougir, qui avec une ame plus dure qu'un rocher eft capable de propofer & d'executer les dernieres injuftices ainfi que d'en foupçonner les autres, qui eft venu au point de fuporter de fang froid la haine & la malédiction de tout un païs fur le vifage de qui on ne voit plus aucune empreinte de honte ni de compaffion, enfin une ftatue inflexible, un homme exécrable.

* * *

Je ne confonds pas avec ce phlegme, foit naturel foit étudié, la patience néceffaire à tout homme en place. Un Miniftre eft obligé de tolerer bien des fots & d'entendre maintes balourdifes, ce qu'un autre peut heureufement éviter & détourner, en fe difpenfant de les écouter & de les lire. Il faut qu'il fache fe prêter doucement à toutes les foibleffes humaines, principalement à celles de fon maître, de fes Collégues & de ceux qui font fous fes ordres, il faut qu'il écoute, fans fe facher, le détail diffus d'un homme, à moitié confolé & foulagé, d'avoir pû conter fon affaire au Miniftre. Les Chefs des Colléges n'ont que trop fouvent l'occafion, de s'exercer dans cette vertu; car je crois qu'il n'y a pas de Collége dans l'Empire, qui n'ait un mince fujet dans fon fein; & heureux le païs où dans chaque tribunal il ne fe trouve qu'un feul membre dans ce cas! Ce feroit un crime de s'impatienter contre ce pauvre

pauvre homme, de l'aſſaillir, de le pouſſer & de le tourmenter. Eſt-il la cauſe que ſon Maître l'a fait ce qu'il eſt, que le Miniſtre y a concouru, ou ne s'y eſt pas opposé? Tant qu'un homme, qui a ce défaut, connoit ſa foibleſſe, & qu'il ne pêche que par bétiſe, on peut & doit le ſouffrir avec patience. Mais ſi par hazard (& les plus mauvais ſujets ſont de cette trempe) il eſt fier, bête, méchant, s'il eſt un faiſeur de mauvais tours, un homme qui ſouffle la diſcorde, un brouillon, il eſt alors du reſſort de la police de l'écclesiaſtique.

La vraie patience exige auſſi une parfaite indifference ſur ce qu'on peut dire ou penſer des bonnes actions; qu'on les loue ou qu'on les blame, qu'importe? Pourvû qu'on ait par devers ſoi le témoignage de ſa conſcience.

Un Miniſtre ou le Préſident d'un Collége emporte, à la verité, la plus grande partie du butin, mais il eſt en revange le plus exposé au feu dans l'action.

En cas de ſuccès un chacun veut être celui, qui par ſon travail, par les ouvertures ſecrettes qu'il a données, & par je ne ſai quels artifices en a frayé le chemin & y a contribué; ſi au contraire la choſe tourne mal, chacun éguiſe ſes dents contre le Miniſtre, qui s'il n'eſt pas regardé comme une traitre, paſſe du moins pour le plus ignorant de l'univers; il n'y a pas même juſqu'au copiſte, qui vis à vis du valet de Ville n'en faſſe des gorges chaudes. Il ſuffit que le Public critique la conduite du Prince & de ſon Miniſtre, pour que les principaux moteurs du projet ſoient les premiers qui tirent leur

épin-

épingle du jeu, & ce ſont ſouvent eux qui crient le plus haut. Perſonne ne veut avoir mal fait, ni être haï publiquement. C'eſt l'uſage des Cours & du monde. Il n'en ſera pas autrement.

Il arrive au Cabinet comme à l'armée. Un Enſeigne y eſt à ſes yeux & à ceux de ſes camarades un Prince *Eugene*, quand au ſortir d'une bataille gagnée il peut montrer un trou à ſon chapeau. En revanche une prudence réflechie peut attirer à un Prince *Louis* des reproches & le faire paſſer pour poltron dans l'eſprit de quelques miſerables Dragons.

* * *

Cette patience vient d'un eſprit raſſis & ſe trouve conſequemment accompagnée d'un vrai courage, lequel ſe montre principalement, à ſavoir eloigner le danger, puis à le vaincre conſtamment & ſans peur lorſqu'il eſt là. Je me reſerve de m'étendre là-deſſus davantage dans une autre occaſion & je me contente de dire ſeulement ici: (f) le courage & la droiture doivent être inſéparables, mais ils operent auſſi peu l'un ſans l'autre, que feroit chez un Général la bravoure & la fidelité ſeule; il faut encore de la prudence & de la capacité, ſans quoi on a beau ſe chagriner, c'eſt à pure perte, & au lieu de mieux aller, les affaires en vont ſouvent plus mal.

Ce

(f) L'on n'eſt habile qu'à proportion qu'on a le courage grand. Quand on manque de courage, on ne fait jamais rien qui vaille. Reflex. de la Reine *Chriſtine*. Cent. 8. n. 27. 28.

* * *

Ce n'eſt qu'après avoir vû le feu & connu le danger, qu'un Soldat peut vanter ſon courage. On n'eſt qu'à demi vertueux, tant qu'on ne s'eſt pas trouvé dans des tentations réelles & qu'on y a reſiſté. Il en eſt de même dans le politique. On en raiſonne merveilleuſement dans le lointain; on fait chez ſoi les projets les plus juſtes; le Miniſtre eſt brave, juſqu'au moment du combat, juſqu'à ce qu'il ſe voit obligé de prendre avec force & conſtamment le parti de la juſtice & de la raiſon en face de ſon Maitre & contre ſon Maître même. Rien de ſi flateur, que de travailler ſoi-même avec le Souverain, ſi l'on a à faire à un Prince qui a ſa propre reputation à cœur, qui menage les interets de ſa conſcience & de ſes ſujets, qui penſe noblement & qui eſt capable de réflechir & d'écouter des remontrances (g). Ce n'eſt pas en revange ſans difficulté ni inquiétude, qu'un honnête-homme approche d'un Prince à qui il ne peut jamais parler ſans craindre de la dureté, de la contradiction, des prétentions captieuſes, des demandes indiſcrettes & des refus. La préſence d'un Souverain doux, preſſant, ſouvent même menaçant, peut porter un Miniſtre à des choſes aux quelles il ne ſe ſeroit jamais prêté; & en ce cas je ne ſache point de meilleur conſeil à ſuivre que celui de la Reine *Chriſtine* (h). Heu-

(g) Nihil in vobis imperatoribus tam populare & tam amabile eſt, quam libertatem in iis diligere, qui obſequio vobis ſubditi ſunt. Siquidem hoc intereſt inter bonos & malos principes, quod boni libertatem ament, ſervitutem improbi.

Ambrosius.

(h) Quand même une bonne action rendroit malheureux pour

Heureux qui a l'esprit assez fort pour les mettre toujours en pratique!

* * *

L'équité d'ame est une qualité qui réléve infiniment la gloire d'un homme d'Etat, digne du poste où il est. La vie humaine offre mille circonstances, où l'on ne sauroit faire le moindre reproche à quiconque suit les regles de la justice la plus exacte. Un Ministre principalement se trouve si souvent dans le cas, d'employer son credit & son pouvoir à tourmenter ses inférieurs & tout un païs, que difficilement on peut porter des plaintes contre lui, & quand bien-même, (ce qui est très rare) la chose viendroit jusqu'aux oreilles du Prince & qu'il l'examineroit, le Ministre auroit toujours raison & n'en seroit que plus piqué, & plus en colere. On peut bien dire, que l'équité est une vertu qui se repand sur toutes les actions d'un homme en place, & sa mémoire devient toujours chere & respectable, quand bien même au lieu de tous les brillans faits d'un homme d'Etat il ne laisseroit à la posterité que la reputation d'avoir été un homme fort equitable. Quel plaisir n'est ce pas de servir sous un tel Chef! Combien un pareil Collegue n'allége-t-il pas le poid des travaux!

* * *

L'équité d'ame, cette excellence de caractére, le préservera du poison de l'envie, honteux par lui-même & par les continuelles & pernicieuses influences

pour le reste de la vie, on ne doit ni s'en abstenir, ni s'en repentir jamais. Reflexions de la Reine *Christine* Cent. 2. n. 76.

ces qu'il a sur le service. Il y a certaines gens, qui ne peuvent souffrir personne au pair ni au dessus d'eux, qui veulent avoir tout fait, qui se fatiguent comme des ouvriers à la journée, à fin que tout passe par leurs mains; qui ont la fiévre des favoris dès le moment qu'un Prince témoigne à un autre la même confiance, & les mêmes bontés; qui ne peuvent, sans que cela frappe subitement tous leurs nerfs, apprendre que le maître s'est enfermé pendant une heure dans son cabinet avec un autre; qui posent des sentinelles pour savoir qui approche du Prince; qui ont des laquais à leurs gages dans la garderobe, pour être instruits de ses moindres paroles & de ses moindres gestes; ainsi du reste. Ces pauvres gens se tourmentent infiniment & sont bien à plaindre, ils courent souvent à perte d'haleine après un vain fantôme d'honneur & une très mince reputation; on doit cependant les tolérer, puisqu'ils sont habiles; laborieux & zelés, & pourvû qu'on ne se trouve pas dans leur chemin, on peut s'attendre à tout de leur amitié (i); ce sont, les plus excellens Collégues, pourvû qu'on n'ait rien à disputer avec eux en fait d'honneur, ils recompensent & ont soin de ceux, dont-ils employent souvent

(i) Si le Connétable *de Luynes* eut vecu encore quelques années, *Bassompiere* n'auroit peut-être pas été mieux traité sous son Ministére, que sous celui du Cardinal. Car il paroit, qu'il donnoit un grand ombrage au Connétable, & ce favori ne le dissimuloit pas, quand il lui disoit: „Je suis comme un homme, qui craint d'être cocu, & qui par cette raison ne prend pas plaisir à voir un galant-homme trop assidu auprès de sa femme. Je vous rendrai tout le service que je pourrai auprès du Roi, pourvû que vous ne fassiez point les yeux doux à sa Majesté.„ Memoires d'AMELOT, T. I. p. 378.

vent en ſécret les remarques & les avis, & ils ont, ainſi que la plus part des ambitieux, un cœur noble & élevé.

Outre cette eſpéce d'hommes il y en a encore une autre, bien plus nuiſible, & plus dangereuſe, l'on peut même dire, qu'elle fait horreur. Ces perſonnes n'ont ni la capacité, ni le vouloir, de ſe donner les mêmes peines que les autres, ni de ſe diſtinguer au ſervice, mais ils ſe pouſſent aux prémieres places par mille tours & mille baſſeſſes; ſouvent un galant homme, qui n'a pas connû le loup ſous la peau de l'agneau, les ſeconde & en dit du bien, juſqu'à ce qu'ils ſe trouvent de niveau avec lui. Ce pas eſt à peine fait, qu'ils critiquent, donnent des coups de langue, & blament tout; ils veulent en ſavoir plus, & mieux faire que les autres, non ouvertement, le cas ſeroit trop honnête, mais quand le Prince eſt ſeul, par le canal d'autrui, par des diſcours équivoques, en témoignant des regrets vis à vis d'un tiers, d'où l'on ſait que cela ira plus loin, par des confidences à des Commis du Cabinet &c. On tourne en ridicule les meilleures, les plus louables & les plus dignes actions; on trouve defectueux ce que tout autre admireroit comme un chef d'œuvre politique; on rend riſible l'application des autres, comme ſi les affaires ſe faiſoient en badinant; ces gens nomment fierté le courage d'un brave homme; & s'ils ne cherchent pas à faire ſoupçonner la probité, du moins veulent-ils la donner pour plus qu'une foibleſſe, ajoutant que c'eſt auſſi la ſeule qualité qu'ait cet homme; ils regardent comme impoſſibles ou du moins comme impraticables pour le préſent les meilleurs projets, dont on peut aiſement concevoir l'heureux ſuccès & démontrer la néceſſité,

 parce

parce qu'ils viennent d'autres, qui veulent avoir l'honneur de l'invention; ou, lorſqu'ils ne peuvent empecher, qu'ils n'ayent lieu, ils font inſinuer ſous main, que ce ſont eux qui en ont fourni les prémieres idées; ils pronent de mauvais ſujets & les élévent en faveur de leurs ſoumiſſions baſſes & rampantes, tandis qu'ils éloignent d'habiles perſonnages à cauſe de leur ſincérité; ils écraſent le mérite, & chicanent les hommes capables, juſqu'à ce qu'ils ſe retirent d'eux mêmes, & il coupent à une jeune pépiniere, qui montroit les plus belles eſperances, tous les ſucs nouriſſiers, juſqu'à ce que ces jeunes ſujets ſe laſſent enfin de ſupplier, ou qu'ils ſe rendent à diſcretion & ſous des conditions honteuſes à un nouveau *Sejan.* Il ſe trouve cependant des cas, où il faut de la tête & du courage. Qu'arrive-t-il alors? Je n'en dirai rien, on n'a qu'à jetter ſeulement les yeux ſur les mauvais gouvernemens, & on trouvera en l'examinant bien: que ce qui eſt cauſe qu'on n'eſt pas mieux, ou que le mal-être lui-même part directement de la jalouſie & de l'incapacité d'un Miniſtre qui a ſu gagner la confiance intime du Prince.

* * *

On peut par le même motif prétendre d'un Miniſtre: qu'il ſoit d'un abord aiſé, que ſon accueil inſpire la confiance, qu'il raſſure & conſole, & que par un ſerieux melé de bonté il ſache ſe faire rendre le reſpêt qui lui eſt dû. Il n'eſt pas poſſible de contenter tout le monde; il y a bien des gens groſſiers, impolis & importuns, qui ne ſe laſſent jamais de vous aſſaillir de priéres & de ſollicitations, tandis que la vertu eſt ſouvent timide; & il y a des perſonnes d'un merite diſtingué, qui manquent quelquefois

quefois d'aſſurance, ne ſavent pas ſe donner un bon conſeil dans leurs propres affaires & croyent avoir déja réuſſis, lorſqu'ils peuvent ſeulement détailler la confuſion de leurs idées au Miniſtre: Il n'eſt pas poſſible de traiter des gens ſi differens ſur une même pied: c'eſt ce que fait cependant maint homme en place, vain, orgueilleux, & qui prophane indignement dans ſa perſonne le caractére éminent d'un Dieu plein de bonté, confié au Souverain. Un Miniſtre ne court en revange jamais aucun riſque, d'être affable; il double par là le plaiſir de la perſonne, à qui il accorde, tandis que celle, à qui il refuſe, ne peut cependant pas dire, qu'il l'ait groſſierement traité & augmenté par là ſon chagrin. On dit de deux Miniſtres fameux de notre tems: qu'il étoit plus agréable de recevoir un refus de l'un, qu'une grace de l'autre. L'un meloit une certaine onction dans tous ſes diſcours, témoignoit tant de bonté à ceux qui venoient ſolliciter chez lui, & paroiſſoit compatir ſi fort à leur ſituation, qu'il n'étoit plus en leur pouvoir de murmurer, du moins juſqu'à ce que la fumée des complimens miniſteriaux fut un peu diſſipée. L'autre au contraire ne faiſoit pas faire du feu dans ſon Antichambre au fort de l'hyver, dans l'idée que ſa préſence échaufferoit aſſez ceux qui lui faiſoient la Cour; il ſortoit de ſon cabinet comme un ours, gonflé d'orgueil, lachoit une impertinence à l'un, une groſſiereté à l'autre, & on regardoit comme une bonne capture, lorſqu'après avoir bien couru, attendu & gélé, on en pouvoit attraper un os.

Rien de plus riſible, que de voir les Miniſtres des petites Cours ſe donner de pareils airs, laiſſer ſonner long-tems à leur porte un pauvre bourgeois ou ou un miſerable païſan opprimé, & leur prononcer enfin leur terrible ſentence d' un ton rébarbatif; tandis qu'à de plus grandes Cours, ils ſont humblement réduits eux mêmes à faire les piliers d'antichambre chez les Miniſtres, & qu'ils ſe trouvent fort heureux quand ils peuvent ſe procurer de l'accès près d'un des Commis de la réelle Excellence.

Peut-être quelque Miniſtre pourra-t-il s'appliquer le paſſage ſuivant.

Le grand *Colbert* fit un jour venir chez lui les principaux négocians de Paris & des environs, pour les conſulter ſur l'amélioration du commerce; aucun n'oſoit parler, chacun attendoit que ſon voiſin prit la parole. Enfin d'impatience ce Miniſtre leur demanda s'ils étoient tous muets. Non, répondit un ſage Marchand d'Orléans, mais nous craignons tous, d'offenſer votre Grandeur, en diſant quelque choſe qui pourroit lui déplaire. A quoi Colbert repliqua: Parlez librement, je regarderai comme le plus fidele ſerviteur du Roi & comme mon meilleur ami celui qui parlera avec le plus de liberté. Surquoi *Hazon*, ce Marchand d'Orléans, ajouta: puiſque Votre Grandeur l'ordonne, & qu'elle nous promet, de trouver bon, ce que nous aurons l'honneur de lui repréſenter, je dois Vous avoüer ingenuement Monſeigneur, que, quand Vous étes parvenu au Miniſtére, la charette étoit couchée d'un coté, Vous n'avez fait que la relever pour la mettre de l'autre. *Colbert* tout en feu lui repondit: quoi? que babillez Vous là, mon ami? *Hazon* lui repliqua, ſans s'emouvoir: je ſupplie votre Grandeur, de me pardonner d'avoir été aſſez ſot de me fier à ſa parole, je ne dirai plus le mot; ce fut envain que le Minile Ministre commanda aux autres de parler, & voilà à quoi se termina cette conférence (k).

* * *

Un Ministre doit être le curateur, le tuteur & le consolateur de tous les affligés & de tous les pupilles du païs, le Protecteur du vrai mérite, des savans, des arts & de tout homme utile à l'Etat. Qu'il est doux, lorsqu'on a le cœur aussi humain que je l'ai, de penser à un homme qui se couche tous les jours avec la bénédiction de ses concitoyens, & qui s'eveille tous les matins dans la douce espérance de pouvoir donner une nouvelle preuve de sa charité, de son amour pour le prochain, dans l'idée d'être le vrai serviteur de la vertu, de la vérité & de la justice, oui, dans la vüe d'être l'instrument volontaire par lequel la main de Dieu augmente sa gloire immense & l'empire de Jesus Christ notre bien aimé sauveur!

* * *

Cet amour du prochain & cette bonté n'exclut pas le respêt qu'on doit inviolablement à un Ministre; sans quoi celui que nous devons au Prince même, seroit en grand danger ou tout à fait perdu. Ces égards dependent egalement de la conduite du Souverain & de celle du Ministre.

Le Prince fait respecter son Ministre à bon droit, par le cas qu'il fait de sa probité, de son savoir & de ses lumieres, par la confiance qu'il lui témoigne dans les affaires les plus intéressantes de l'Etat & de sa Maison, en marquant combien il esti-

(k) Memoires d'*Amelot*, P. I. p. 101.

eſtime ſes ſervices & ſes avis, & quand l'Etat & tous les Dicaſtéres ſavent & croyent, que le Miniſtre, ou, lorſqu'il y en a plus d'un, que le Miniſtére a du crédit.

Le moyen le plus ſûr pour y parvenir, eſt de ſuivre avec vigueur de bons & fideles conſeils, au point d'édifier l'Etat par l'heureuſe harmonie, qui regne entre le Prince & ſes Miniſtres les plus intimes, qu'il n'y ait pas deux inſtances dans le païs, & qu'on ne puiſſe obtenir, mandier ou acheter du Cabinet, ce qui a été refuſé par les Miniſtres, qu'en un mot le Souverain faſſe voir qu'il eſt digne de bons & fideles ſerviteurs.

Les égards dus à un Miniſtre s'affoibliſſent ou ſe perdent tout à fait, lorſqu'un Prince pour les choſes qui ſont de ſon departement, ne le ſoutient pas, contre les piéges ſecrets, les calomnies, les déſobeïſſances, quelquefois même les brutalités, des inutiles de Cour, d'un Chaſſeur, d'un Militaire, d'un ſubalterne de Cabinet, enfin de toutes les differentes eſpeces de courtiſans. Car comme il eſt impoſſible qu'un Miniſtre faſſe à la fantaiſie d'un chacun, & qu'il ne peut abſolument éviter d'offenſer l'un ou l'autre, que ſouvent l'ordre & la police le forcent d'agir avec vigueur, il ne manque jamais de mécontents, qui épient le moment de le perdre près du maître. Celui-ci y prête-t-il indifferemment l'oreille, & donne-t-il lieu à d'autres, de jetter leur venin; le plus brave homme eſt auſſi peu à l'abri de la honte, qu'il eſt poſſible à un héros, de ſe defendre d'une inſulte que lui feroit un miſérable pendant ſon ſommeil. Le Souverain doit naturellement protéger ſon Miniſtre, au point que lorſqu'accablé des

fatigues

fatigues du jour celui-ci va se coucher, il soit sûr, que son honneur repose entre les mains de son Maître.

Ceci s'entend de même de la rigidité, avec laquelle un Prince doit maintenir l'autorité, qu'il confie aux tribunaux contre de mauvais sujets, contre la paresse, la jalousie & les intrigues de Cour. Par de certains principes la subordination n'est pas aussi sévére dans le civil que dans le militaire; mais c'est un abus ouvert & la source de mille desordres, quand un Ministre ou un Président se trouve les mains liées dans ses fonctions, surtout lorsque (tel qu'il arrive chez des Princes foibles) un mauvais sujet, que le Maître voit de bon œil, ose insulter ses supérieurs, sans que ceux-ci en reçoivent d'autre satisfaction, que d'entendre le Souverain dire en riant, que son indigne mignon est grossier comme un âne.

On peut avec justice prétendre d'un Prince sensible à l'honneur, que quand un Ministre, qui a d'ailleurs mille qualités superieures & aimables, tombe par foiblesse humaine dans quelque faute, son Maître ne la lui reproche pas publiquement, mais qu'il le prenne en particulier, où il peut lui parler trois fois plus sérieusement qu'en l'insultant & le flétrissant en public. Car les paroles d'un Souverain sont des playes qui saignent long-tems dans le cœur d'un galant-homme (l).

Ceci va encore beaucoup plus loin, lorsqu'un Prince, qui pense mal, se fait un plaisir honteux, de se divertir aux dépens de ses Ministres devant toute sa

(l) Le Comte de *Tessin*.

ſa Cour, de leur donner des ſobriquets (m), de contrefaire leurs défauts, leurs grimaces & autres choſes ſemblables en préſence de tout le monde, qu'il voit même volontiers, que ſes Courtiſans l'imitent, ou quand en général il ſouffre, que des perſonnes, à qui cela ne convient pas, s'aviſent de parler ſur le chapitre d'hommes reſpectables & de leur tendre des piéges, fut-ce ſa femme ou ſa maîtreſſe.

Qu'on trouve peu de Princes, qui dans ce cas penſent auſſi grandement, que le Roi *Henri* quatre de France, pour un mot mépriſant que Madame d'*Entrague*, ſa Maîtreſſe avoit laché ſur le compte de ſon incomparable Miniſtre, le Duc *Sully*. „ Par „ Dieu, Madame, lui dit ce grand Roi, je vois bien, „ que l'on vous a dreſſé à tout ce badinage, pour „ eſſayer de me faire chaſſer un ſerviteur, duquel „ je ne me puis paſſer: mais par Dieu je n'en ferai „ rien & je Vous déclare, que ſi j'étois reduit dans „ cette néceſſité, que de choiſir à perdre l'un ou „ l'autre, que je me paſſerois mieux de dix Maîtreſſes comme Vous, que d'un ſerviteur comme „ lui, que Vous avez oſé appeller valet en ma préſence & en la ſienne, quoiqu'il ſoit de plus haute „ naiſſance que Vous, ceux de ma maiſon n'ayant „ point dédaigné l'alliance de la ſienne (n). „ J'avoue ingénuement, qu'en pareil cas je m'en tiendrois à cette

(m) Lettres de *Louis* XII. à Mr. *de Breſſure* ſon Maître d'Hôtel: Je vous prie de tenir la main, que le tout ſoit rendu à Mr. d'*Evreux*, car il eſt bon diable d'Evêque pour à cette heure, je ne ſais ce qu'il ſera à l'avenir; il eſt continuellement occupé à mon ſervice. *Brantome* vies des hommes illuſtres, T. I. p. 43.

(n) Memoires d'*Amelot*, T. II. p. 292.

à cette regle: „ Il ne faut souffrir, si l'on peut, ni „ un sot pour Maître; ni un sot pour valet (o). „

Qu'un Ministre honnête-homme se trouve à plaindre & dans une situation bien épineuse, lorsqu'un Prince ne peut pas le souffrir, & que cependant ce Prince est dans le cas de ne pouvoir s'en passer. Il doit alors plûtôt s'attendre à quelque chose de piquant, qu'à un air ouvert & gracieux, ou si par hazard le Maître le traite encore poliment, lorsqu'il est en sa présence, il se dedommage de cette gène sitôt qu'il est parti, ne fut ce que vis à vis de son valet de chambre ou de son valet de garderobe. Il y a des Princes si mal élevés, que les derniéres grossieretés leur échapent aussi aisément, qu'à un Courtisan un *votre très humble serviteur*.

Il faut souvent en pareil cas n'avoir ni œil ni oreille, surtout si la chose n'est pas dite en face. Le meilleur est, qu'on n'est pas marié ensemble, mais le Ministre ne voit-il pas moyen de se séparer, qu'il se console comme les Epoux mécontens l'un de l'autre. Il faut bien qu'un des deux meure le prémier.

Je compte parmi ces procédés froids & mortifians pour un Ministre, les impolitesses fondées sur une certaine superstition de Cour & au dessus de la quelle un Prince foible n'a pas le courage de se mettre. Il est par exemple grossier d'exclurre un Ministre nouvellement annobli de la table du Souverain, tandis qu'on y invite un Enseigne d'ancienne maison, parcequ'autre fois son grand pére avoit occupé

(o) Reflexions de la Reine *Christine*, Cent. 9. n. 42.

occupé le poste qu'occupe aujourd'hui le venérable Vieillard dont il est question. Celui-ci mange bien plus gayement & plus sainement chez-lui, mais la chose en elle même n'influe pas moins sur le respêt, que naturellement toute la Cour devroit avoir pour celui ou pour ceux, qui veillent, afin que le Prince & toute sa maison puisse dormir en repos & vivre à leur aise.

Mais en ce cas & dans d'autres purement personels, on doit ajouter pour la consolation de braves Ministres, que le Souverain se fait plus de tort aux yeux de la plus saine partie de l'univers par de tels procedés, qu'à son serviteur, car il n'est pas question de pareilles choses à des Cours bien reglées, ni chez un Prince éclairé.

Mais ce qui ruine totalement les égards, qu'on doit à un homme en place, est lorsque malheureusement, dans les points principaux du gouvernement, le Maître & les Ministres sont d'un sentiment contraire entre eux. Lorsque le Prince les contrecarre dans les meilleurs projets, lorsqu'aujourd'hui le Conseil ordonne une chose, & que demain le Souverain commande le contraire, lorsqu'il leur fait des réprimandes vis à vis des Etats, & désavouë leur conduite à la face de l'univers, lorsqu'ils sont perpetuellement en guerre & en dispute ensemble . . . . . c'est en vérité, gagner les œuvres de miséricorde, que servir un tel Maître.

La base la plus sure & la plus immuable, sur laquelle un Ministre puisse établir le respêt dû à son poste, est une conduite droite & irréprochable, de même que les égards & le crédit, qu'il s'attire dans le le païs & chez l'étranger par de bonnes actions; il affermit aussi ce sentiment, par une constance melée de veneration pour le Prince, par un air de bonté temperé, par la decence vis à vis des Colléges & des subalternes, & par l'éstime qu'il doit se gagner lui-même & que le plus grand Monarque ne peut procurer à personne, quand bien même il lui conféroit tout son pouvoir, car c'est une chose décidée, qu'on n'est respecté qu'autant qu'on se rend digne de l'être.

Faire trembler le païs & fermer la bouche à tous les serviteurs, n'est pas encore s'attirer du respêt (p).

Il est vrai qu'un Ministre ambitieux ne s'embarrasse guere, de sacrifier les dévoirs les plus sacrés à ses passions, & lorsqu'il est une fois parvenû à un certain degré de puissance & de crédit, il employe, pour les contenter, des moyens dont la seule idée épouvanteroit un particulier.

Mais qu'on examine la double fin, que prennent un bon & mauvais Ministre. Le dernier est accablé de pasquinades pendant une vie remplie de peines & de soupirs, & après sa mort on le charge de maledictions & d'imprécations, tandisque cet homme respectable, avec qui son Maître en agit mal, a la satisfaction de voir tous les honnêtes gens du païs prendre son parti, il forme l'étonnement des Cours qui pensent bien, on le pleure, on le plaint, on le loue pendant sa vie, & lorsqu'il meurt, il emporte

(p) Potentiam apud unum, odium apud omnes adeptus.
Tacitus.

porte encore avec tout cela le jugement févére & impartial de la poftérité, qui par lui-même devroit être affez refpectable à tous les mauvais Princes, quand bien ils ne croiroient pas aux jugemens de Dieu, à la confolation des juftes, ni aux douces récompenfes de l'éternité.

* * *

Jamais ce refpêt ne fera complet, ni joint à l'éftime, fi un Miniftre n'eft tout à fait défintéreffé, & fi généreufement il ne rejette la quantité de moyens, qui s'offrent à lui de s'enrichir. L'hiftoire nous fournit maints exemples dans de grands & de petits Etats, où le Miniftére le plus brillant s'eft vû terni par l'avarice & la foif de l'argent.

Maint Miniftre reffemble à un pôteau de doüane, qui demande quelque chofe à tous ceux qui le regardent. Tel Prince eft gueux comme un rat d'églife, & nage dans une mer de dettes, dont les Miniftres regorgent de biens (q). On devroit donner le bonnet de docteur en politique à qui fauroit difcuter en practicien l'article des corruptions & des préfens; je ne veux pas actuellement m'étendre davantage là-deffus, mais dire naturellement ce que j'en penfe.

Un

(q) Si ceux, qui font les maîtres, ne s'appliquent à borner l'ambition de leur Miniftre, ils font excufables, fi pendant leur puiffance ils defirent au delà d'une jufte recompenfe de leurs fervices. Il eft naturel à l'homme de vouloir plus de gloire, plus de bonheur, plus de bien, qu'il n'en a, & bien fouvent plus qu'il n'en merite. Mem. de *Motteville*, T. I. p. 506.

Un Souverain ne peut jamais ſe fier totalement au plus habile Miniſtre, dès qu'il n'a ni la conſcience ni les mains nettes ſur l'article des préſens.

Les uns les attendent, d'autres les exigent; les uns ne prennent rien du païs, d'autres ne tirent que des ſujets; l'un ne vaut pas mieux que l'autre.

Ce n'eſt pas aſſez, d'être parfaitement honnête-homme; mais il faut l'être en toute occaſion, pendant toute ſa vie & invariablement.

Il n'y a point de tentation à laquelle un vraiment honnête-homme ne puiſſe réſiſter.

Il n'y a point d'excuſe qui puiſſe effacer la tache de ce vice.

Un Prince ne doit abſolument pas ſouffrir, que ſes Miniſtres tirent des penſions des Cours étrangères, ſous quel prétexte que ce puiſſe être (r).

Un

(r) Mr. *Fouquet* ſouhaitoit avec paſſion de lier une amitié particuliére avec lui *Clarendon*; & pour l'en convaincre, il le pria de ſa part, d'accepter une penſion de dix mille piéces. *Clarendon* répondit: - - qu'il avoit à faire à un Maître liberal, & qu'il n'étoit point d'humeur à partager ſes ſervices, ni preſſé de ſe louer à d'autres. Le Comte fit ſon raport au Roi, qui prit du tems pour y penſer. *Clarendon* l'entretint en ſuite, lui & ſon frere, de l'offre qu'on lui avoit faite, & qu'il avoit rejetté avec beaucoup de dédain. Ils lui conſeillerent l'un & l'autre, de prendre toujours à bon compte. Mais quoi, dit-il, Sire, voudriez-vous bien être vendu? *Charles* lui répondit: qu'il étoit fort ſûr, que tout

Un Souverain, qui paye mal ſes Miniſtres, & qui cependant aime qu'ils faſſent figure, ſans penſer d'où ils doivent en tirer les moyens, prend un très mauvais parti. Ou il faut qu'ils faſſent de mauvaiſes dettes, ou qu'ils acceptent des préſens.

Il eſt de certains préſens que par honneur un Miniſtre ne ſauroit refuſer. Mais il n'en doit naturellement accepter de ceux qui ſont au deſſus de lui, que du conſentement de ſon Maître, quoique nous ayons des exemples de fourbes, qui ſe ſont formellement fait decréter des préſens, afin d'en pouvoir prétendre ailleurs dix fois autant ſans décret.

Un vrai honnête-homme ne peut à mon ſens accepter des préſens ni de ſes égaux ni de ſes inférieurs pour les affaires de ſon departement, quelque tour & quelque nom qu'on puiſſe donner à la choſe. Dans d'autres cas un Miniſtre qui a de la probité, & qui croit ne pouvoir pas bien refuſer un préſent,

tout l'or du monde ne lui en feroit pas courir le riſque. Si cela eſt, Sire, repondit le Comte; il faut que Votre Majeſté me connoiſſe mieux que je me connois moimême. Car j'apprêhende, que, ſi je me jouois une fois aux piſtoles de France, leur éclat ne me tentât de la ſervir au préjudice de V. M. Il avertit ſérieuſement ſon Maître des dangers qu'il courroit, s'il ſouffroit que les perſonnes, qui l'approchoient, devinſſent penſionnaires des autres princes, car on n'entretient de ces Penſionnaires (continua-t-il) que pour altérer la pureté des conſeils, qu'on donneroit à V. M. & pour pénétrer par leur moyen ſes ſécrets les plus importans. Que ſi V. M. a là-deſſus de la connivence, la mode en viendra bien-tôt & on lui debauchera peu à peu ſa Cour toute entière. Hiſt. d'Angleterre par *Burnet*, T. I. P. I. p. 176.

présent, doit par un autre de même valeur fermer la bouche au Démon de la calomnie.

* * *

Une qualité, si non necessaire, du moins d'ornement chez un Ministre, est de savoir s'expliquer, soit de bouche, soit par écrit, d'un stile clair, aimable & rangé. Rarement trouve-t-on, il est vrai, ces deux talens réunis. Un homme qui s'est vû dès sa plus tendre jeunesse employé aux affaires, qu'on a chargé de diverses commissions & Ambassades, est plus à même de gagner une certaine facilité de s'expliquer de bouche coulemment & avec liaison, qu'un autre, qui ne s'est presque occupé qu'à écrire. Le grand *Schönborn*, Vice-Chancelier de l'Empire, depuis Prince & Evêque de Bamberg & de Wurtzbourg, avoit un talent particulier, de repondre à un discours de dix, douze ou vingt articles avec un art enchanteur & aimable, tandis que ce qu'il écrivoit étoit à peine au dessus du médiocre. On dit au contraire du fameux Baron de *Görtz*, Ministre & Favori du Roi *Charles* douze de Suéde, qu'il n'y avoit rien de si seç que ses discours, ce qui étoit cause, que souvent il ne pouvoit atteindre au feu & à la conception perçante & facile du Roi, auquel cas ce Ministre brisoit tout court & disoit au Monarque: Sire, je m'expliquerai par écrit, & qu'alors la liaison, la vigueur & la netteté de ses expressions avoit toujours entrainé son Maître dans son sentiment; aussi ne peut-on certainement s'empecher de reconnoître dans le peu d'écrits qui nous restent de ce grand homme, tous les traits d'un genie superieur & perçant.

Il ne faut parler aux Rois & aux Princes qu' en termes bien menagés; c'eſt un devoir & ce doit être un devoir aimable, quand on n'a pas à faire à un tiran. Si nous autres particuliers ſommes ſenſibles à ces attentions obligeantes, avec combien plus de raiſon un Prince ne peut-il pas exiger, qu'on lui préſente des fruits auſſi amers dans des ſoucoupes d'or, ce ſeroit à maint honnête-Miniſtre une route ſure pour percer encore plus avant dans les bonnes graces d'un Maître, dont il a déja mérité & obtenû la confiance.

On peut au contraire dire avec le même fond de vérité de certaines Excellences babillardes: ce n'eſt qu'un flux de bouche perpetuel; ce ſont des gens, dont l'ame a continuellement la diſſenterie, qui rend tout ce qu' elle prend & ne fait jamais du chyle. On trouve des babillards à toutes les Cours & même aux meilleures, mais leur ſort dépend de la force ou de la foibleſſe d'éſprit du Prince ou des Miniſtres; l'un gagne un tître par ſon babil, l'autre un poſte avec de petits appointements, un troiſiéme fait mieux, il ſait s'attirer du crédit & des égards; parvient-il juſqu'au Miniſtére, il embarque l'Etat & le fait voguer à pleines voiles vers le païs des chimères. Agapitus, cet homme ſolide & honnête, entre au ſervice d'un Prince, qui auroit été aſſez vieux, pour diſtinguer l'or du clinquant. Il travaille avec plus d'aſſiduité qu'on ne ſauroit l'exiger, avec un attachement infatigable & un desintéreſſement exemplaire. Il rend dans un petit nombre d'années au Souverain, à la Maiſon & à l'Etat des ſervices qu'un autre auroit eu peine à rendre dans un long cours de vie. Une certaine diſcretion, vertu des grands hommes, le réléve encore infiniment

ment, ſes diſcours ſont tout miel, amour & douceur, ils embaument. Il ſait beaucoup, mais tout ce qu'il dit, ainſi que ce qu'il penſe, eſt fondé. Il a vû & connoit le monde autant qu'un autre, mais avec les reflexions d'un homme ſage. Les puerilités ont toujours été beaucoup au deſſous de lui.

On lui adjoint Ventoſus. Il a quelque choſe d'extrèmement aimable dans la converſation, il enléve tout le monde à la prémiere fois, on ne ſe laſſe pas d'être avec lui, il mêle dans ſes diſcours aux hiſtoires les plus amuſantes, les idées les plus ſpirituelles; il raconte avec tant de feu, qu'on diroit qu'il a vû les choſes lui-même; ce qu'il fait eſt accompagné d'une certaine legèreté ſanguine qui ne le quitte pas même dans ſa vieilleſſe. Il aime la ſocieté, ſa gravité ne va pas juſqu'à l'empêcher de faire encore le petit-maître près des Dames; eſt il queſtion de modes, il les connoit toutes, s'agit-il de tableaux, combien n'en a-t-il pas vû en Italie & en France? Parle-t-on de chevaux, il connoit & leurs qualités & leurs défauts; met-on la chaſſe ſur le tapis, qui eſt plus grand chaſſeur que lui? Faut-il juger des chefs d'œuvre de l'art, c'eſt à lui à prononcer; doit-on décider de la fineſſe du palais, il s'eſt trouvé aux meilleures tables; tombe-t-on ſur le chapitre de la guerre, il forme les ordres de batailles & montre au Général les fautes qu'il a fait, en un mot il eſt le catalogue univerſel de tout, ce dont on ne veut ſimplement ſavoir que le nom & les rubriques. Son Maître qui prend ſouvent auſſi les choſes à la legère & qui aime les gens gais, le fait Miniſtre; il traite les matiéres les plus ſérieuſes, avec la même légèreté avec laquelle il ſe met à table; il lui eſt auſſi indifferent de voir manquer l'affaire la plus importante par son étourderie, que de perdre une partie au jeu. Il se moque en lui-même de toutes les nuits qu'Agapitus consacre au service de l'Etat, il est trop superficiel pour un emploi, où non seulement le Ministre doit commander, mais agir. Comme il n'a pas ce qu'il faut pour remplir dignement son poste, il a récours aux moyens des petits génies, il critique, il juge des choses, qui sont au dessus de sa portée, il calomnie, il chuchotte à l'oreille. On lui peut ainsi qu'à Agapitus appliquer ces deux vers de Voltaire :

Un esprit foible est fourbe; mais les grands politiques
Ont le cœur généreux.

Il assomme de son babil mordant le brave Agapitus, il le presse & le tourmente, jusqu'à ce qu'il quitte la partie & l'abandonne à notre charlatan.

* * *

Un Ministre doit savoir quelque chose, mais il n'est pas nécessaire qu'il soit un savant. S'il l'est, il en brille davantage & n'en est que plus capable dans bien des cas. Il suffit qu'il ait une teinture générale des sciences; mais il doit être d'autant plus foncé dans ce qui concerne directement les affaires de son département.

D'ailleurs aux grandes Cours les départemens sont tellement partagés entre les Ministres, que chacun a sous sa direction une des principales branches du gouvernement.

Un

Un Ministre qui est à la tête de la Justice, doit en conséquence absolument posseder à fond le droit, ce dont un homme destiné aux Ambassades peut se passer. On a eu des hommes d'Etat illustres, qui avec peu de savoir & de lecture n'en ont pas moins fait de grands coups de Cabinet par la supériorité de leur génie; on peut en revange citer des Ministres d'une théorie consommée, qui auroient pû écrire pour leurs Maîtres, comme Ciceron *pro domo sua*; mais qui ne pouvoient faire valoir leurs talens que par le secours d'un tiers au fait des usages du monde. On a des gens en place qui ne savent absolument rien, mais qui ont sous eux d'excellens Commis; d'autres couvrent leur ignorance, en décidant de pure & pleine autorité; & il y en a d'autres enfin, qui pourroient disputer le rang aux pedans de la prémiere classe.

En général le Ministre d'une Cour, qui merite d'être apellée ainsi, doit être extremement au fait des Constitutions de la Maison qu'il sert, il faut qu'il connoisse le sisteme d'aujourd'hui & surtout celui des Cours qui sont sur un certain pied dans le monde, ou pour me renfermer dans un cercle plus étroit, du moins celui des grandes Cours de l'Allemagne, qu'il doit connoître, telle qu'elle est aujourd'hui, & non telle qu'elle étoit, lorsqu'il étudioit le droit public: J'en conclus, qu'il doit en gros être au fait des principes généraux & de ceux, qui suivant le cours des choses, sont variables, & sur lesquels sont fondées les constitutions des Etats de l'Empire; il faut qu'il sache ce qui procure ou influe sur l'équilibre des principales puissances de nos jours, qu'il soit instruit des maximes des Cours préponderantes en Empire, il est surtout indispensablement necessaire,

ſaire, autant que faire ſe peut, qu'il connoiſſe très particuliérement le caractere des Miniſtres des Cours anciennement amies ou ennemies, avec qui on a le plus à démêler. Sans quoi on fait mille fautes, on manque les meilleures occaſions, on entame des affaires hors de tems & lieux, lorſqu'il eut été plus ſûr de les laiſſer en répos, on en néglige d'autres, lorſqu'il eut été tems de les commencer, on laiſſe tomber la Maiſon dans le mépris, lorſqu'elle auroit pû ſe faire conſidérer, & on prend le contre-pied, lorſque le tems & les circonſtances empechent d'agir avec vigueur; on fait entrer le Prince dans des engagemens particuliers; lorſque ſon intérer auroit exigé, qu'il demeurât neutre, & on garde la neutralité lorſque le devoir, d'accord avec l'utilité particuliere, auroit voulu qu'on prit un parti; ainſi du reſte.

Ceci ne s'apprend ni par les livres, ni par le ſimple raiſonnement, il n'y a que l'experience journalière, les voyages faits auparavant, ou (ſi cela ſe peut) l'uſage des affaires traitées dans differentes Cours, une liaiſon intime avec les Princes eux-mêmes ou leurs Miniſtres, une correſpondence ſûre & étenduë, enfin des raports fideles des envoyez à ces ſortes de Cours, qui peuvent nous en inſtruire & nous en conſerver le fil.

* * *

Je paſſerai ſous ſilence l'exterieur d'un Miniſtre, quoiqu'il ait ſouvent influé de beaucoup lorſqu'il s'agiſſoit d'en choiſir un. Il n'y a alors d'autre conſeil à ſuivre, que celui qu'on pourroit donner à ces bonnes gens, qui ſans examiner les autres mauvaiſes qualités de leurs femmes, ne les ont priſes que pour leurs

leurs appas; il faut les garder & cela avec justice & raison.

Il est permis de faire cas des avantages du corps, quand réunis à ceux de l'ame on peut les avoir par dessus le marché, mais il ne faut pas prendre pour Ministre un homme, simplement parce qu'il a six pieds huit pouces de hauteur & quatre de quarrure. Ce n'est point à la rotondité du ventre d'un Ministre qu'on évaluë les qualités de son ame.

Un Prince ne devroit en revange pas exclurre du Ministére un homme, parce qu'il a une épaule plus haute que l'autre, une jambe tortue, une bouche de travers, ou d'ailleurs une figure peu intéressante. J'ai honte de citer cet exemple, mais l'experience nous aprend qu'il étoit à propos de l'alléguer.

Maint Souverain prend un ignorant pour Ministre, par rapport aux charmes de son Epouse; j'éstime le Prince qui ne méprise pas la figure d'un Esope, en faveur de la beauté de son ame.

A l'élection de 1658 (s) l'Empereur remarquant que le Chancelier de l'Electeur Palatin boitoit, ce Monarque dit à ce Prince: Eh! que fait Votre Dilection de ce Chancelier boiteux? A quoi l'Electeur répondit: Son prédecesseur m'a perdû le Haut-Palatinat en badinant, celui-ci doit tout doucement me le faire recuperer en clopinant.

 C'est

(s) Voyez les Annales Saxonnes de *Müller*, p. 419.

* * *

C'eſt en verité un grand art dans celui de regner, de ne pas changer de Miniſtres ſans une grande néceſſité; quand au contraire une ou pluſieurs perſonnes ſont au timon des affaires, elles doivent être comme mariées avec la Maiſon. Il ne s'agit pas ici de changer tous les deux ou trois ans; car, pour qu'un ſujet ſoit tel qu'un ſemblable poſte l'exige, il doit chercher à acquerir la connoiſſance la plus parfaite de tout le ſiſtème intérieur de la Maiſon, ce n'eſt pas ſimplement pour commander qu'on a beſoin d'un Miniſtre.

Ceci exige du tems & de l'application; après cela l'ouvrage eſt à moitié fait.

On doit éſtimer un tel homme comme le bijoux le plus précieux de la Maiſon (t).

C'eſt ce qui eſt cauſe, que ſouvent à de moyennes & de petites Cours on trouve des Conſeillers privés & des Directeurs de Chancellerie qui pourroient avec honneur figurer à la tête des tribunaux à une plus grande Cour, mais qui reſtent plus volontiers ce

(t) C'eſt depuis long-tems, continua le Maréchal (*d'Huxelles,*) que l'Eſpagne eſt en poſſeſſion de changer de ſiſtème auſſi ſouvent que de Miniſtres, & heureuſement pour ceux, qui en ce païs-là parviennent à remplir cette place, ils peuvent, ce me ſemble, conſulter ouvertement leurs intérets aux dépens même de ceux de la Monarchie, ſans qu'on en paroiſſe offenſé. C'eſt au moins ce que j'ai vû pratiquer, étant à Utrecht, à la Princeſſe *des Urſins:* car pour avoir une Souveraineté, elle accrocha pendant plus d'un an la concluſion de la paix avec l'Eſpagne. Memoires de *Montgon*, T. IV. pag. 55.

ce qu'ils sont, parce qu'on a pour eux les égards qui leurs sont dûs.

Il y a au contraire des Cours, qui ont la mauvaise reputation, qu'un honnête-homme ne peut y rester long-tems.

Ou un nouveau Chef a un tout autre sistème que son prédecesseur; ou du moins veut-il en plusieurs choses agir, si non mieux, du moins differemment. S'il est tout à fait étranger, il faut qu'il s'informe prémierement de mille choses dont-il n'est pas au fait; en attendant, soit caprice soit manque de lumieres sur les circonstances intérieures de l'Etat, il arrive bien des affronts & des accidens.

Il est vrai qu'un Collége ne s'éteint pas, & il y a toujours des sujets, qui savent ce qu'il y a à faire; & qui le savent souvent mieux; mais sont-ce ceux-là, que choisit un Ministre souvent jaloux des égards qu'il prétend, & qui cherche à se faire de nouveaux mérites? Ne veut-on pas souvent s'en faire honneur seul? On fait d'ordinaire plus sa Cour au soleil levant qu'au couchant, & ce qui est le plus nouveau, plait toujours le plus. Ceux qui pourroient & devroient parler, manquent souvent de bonne volonté ou de courage.

L'un cherchant à plaire au Ministre, pour faire sa fortune, se plie à tout ce qu'il veut & dit *oui*, lorsqu'il remarque, qu'on veut avoir *oui*.

L'autre pense: je me suis tué de parler sans qu'on m'écoute, le nouveau venu n'a qu'à devenir sage à ses propres dépens.

Le troisieme par bonté de cœur s'imagine, que le Ministre en fait plus que lui, & se rend aveuglement à sa décision.

Le quatrieme veut prémierement être spectateur, & voir, si la nouvelle forme de gouvernement se soutient; & il se retire habilement, lorsqu'il s'agit de délibérer sur des matières importantes.

Le cinquieme est un meuble inutile, un bon bénefice auroit bien plus été son fait, que les affaires. Tout lui est égal, pourvû qu'il soit exactement payé & que les vignes ne viennent pas à manquer.

Le sixieme prend un ton fort élevé chez lui, & juge intérieurement assez bien des choses, mais au Conseil il ne dit mot.

* * *

Rien qui avance tant les affaires & qui leur fasse prendre un si heureux tour, que la bonne intelligence entre les Ministres & une confiance reciproque entre eux.

Mais qu'un Prince & un païs sont à plaindre, lorsque parmi les Ministres l'un detruit ce que fait l'autre, qu'ils se trahissent, & lorsque publiquement ou sous main ils se disputent la premiere place dans les bonnes graces du Maître, qu'ils sont jaloux du mérite, de l'esprit, du caractere, des qualités, des biens & de l'état l'un de l'autre, & qu'ils se calomnient reciproquement.

Lors-

Lorſqu'un Miniſtére eſt composé de plus d'une ou de deux perſonnes, on doit naturellement ſouhaiter qu'il ſoit entremelé de Vieillards, & de gens d'un certain âge; les premiers ont une expérience plus mûre & plus étendue, & ceux-ci plus de feu & de goût pour les affaires. Un Miniſtére où il n'y a que des Vieillards, n'agit plus que par habitude, les affaires qui veulent être debrouillées & qui demandent de la peine & de l'application, periclitent entre leurs mains. Les jeunes gens gâtent bien des choſes par leur trop de feu.

Mais on peut auſſi regarder comme une marque infaillible d'un mauvais gouvernement, lorſqu'on prend peu ou point de ſoin de former peu à peu une jeune pépiniére de dignes & braves ſujets, pour remplir un jour les premiers poſtes. Cela n'eſt pas ſi difficile dans les Tribunaux inférieurs. Les plus anciens remplacent les autres, & on trouve toujours des Candidats capables de ces Emplois. Tel peut comme Conſeiller s'attirer le reſpêt d'un chacun, qui dans le Miniſtére feroit une très-pitoyable figure; tel poſſede un eſprit de détail, très utile dans la place où il eſt, qui n'a pas les lumières ſuffiſantes pour donner dans le grand. C'eſt en revange une marque du diſcernement du Prince, du zéle ainſi que des ſoins du Miniſtre, lorſqu'ils ſavent faire un bon choix, qu'ils élevent de jeunes ſujets vifs & remplis de hautes qualités, qu'ils les forment de bonne heure aux ſoucis & aux affaires les plus importantes de l'Etat, & qu'ils ſe procurent eux-mêmes le plaiſir & la conſolation de conſidérer dans ces jeunes plantes des Succeſſeurs, de la capacité & de la fidelité deſquels ils peuvent ſe promettre l'éſpérance la plus fondée.

A Berlin & dans les Cours qui agissent un peu par sistême, on a établi de ces sortes de séminaires politiques, où sous le titre de Conseillers d'Ambassade ces jeunes gens se forment à l'ouvrage & apprennent sous la direction du premier Ministre du Cabinet à connoître le sisteme de la Cour. On les employe peu à peu & par dégré dans les Negociations & les Ambassades aux Cours étrangeres, ils deviennent à la fin en état de diriger eux-mêmes les affaires. Mais à bien d'autres Cours on s'en sert comme de simples gazettiers, & maint genie heureux reste dans l'obscurité par l'ignorance, la jalousie ou l'envie de son supérieur, ou par une suite du Népotisme, jusqu'à un âge plus avancé, où les affaires, au lieu d'amuser, sont un vrai fardeau, de sorte qu'un homme qui auroit pû devenir le bijoux de la Maison, ne tire à la fin sa pension que comme une grace & une espèce d'aumone.

V. Des

V.
DES AFFAIRES
&
DE L'ART
DE LES TRAITER.

Nunquam ita quisquam bene subducta ratione ad vitam fuit,
Quin res, ætas, usus semper aliquid apportet novi,
Aliquid moneat, ut illa, quæ te scire credas, nescias,
Et quæ tibi putaris prima, in experiundo repudies.

TERENTIVS.

Il eſt auſſi impoſſible, de donner des regles généralement applicables & ſuffiſantes de l'art de traiter les affaires, que de celui de regner. Cela dépend des différentes conſtitutions internes & extérieures des Cours.

Vouloir préſcrire une methode à une Cour, qui généralement n'a point de ſiſtéme, ſeroit vouloir montrer le cours des aſtres à un aveugle.

Importuner de raiſonnemens une Cour, qui ſe conduit ſur le pied militaire, ſeroit une demarche impolie & témeraire.

Prêcher la loi à une Cour composée preſque entièrement de ſujets de contrebande, ſeroit autant qu'enfouir des diamans dans du ſable.

Certaines Cours ne peuvent auſſi pas aiſément changer de ſiſtéme, ni de methode, que le Prince ſoit borné ou d'un eſprit ſupérieur; ceci regarde principalement la plus part des Cours eccleſiaſtiques de l'Allemagne.

Les affaires, me diſoit derniérement un honnête-homme d'une experience conſommée, occupent ordinairement beaucoup moins que ceux avec qui on doit les traiter (u). Comme je ne veux donner ici ni

(u) Quand les hommes & les choſes ne ſont pas dans leur rang,

ni logique pour les affaires ni art de régner, mais que ſimplement mes réflexions vont au perſonel, je m'en tiendrai à ce ſeul point.

Ce qui donne de l'ame aux affaires, c'eſt d'y entretenir de l'ordre, de la ſageſſe pour les diriger, & de la ſubordination parmi les ſerviteurs.

Il faut dans un gouvernement étendû, même médiocre, que chaque éſpèce d'affaire differente ſoit partagée en autant de Colléges ou de Départemens principaux. Les prémiers ſont ordinairement, la Cour de Juſtice, la Regence, lorſque, comme cela ſe pratique dans bien des païs, on ne la réunit pas à la Juſtice, ainſi que les affaires générales, le tribunal écclesiaſtique & les finances.

C'eſt des Pruſſiens que derive cette multiplicité de départemens plus & preſque trop étenduë, qui ne fait qu'augmenter les affaires, les Commis & les papiers, qui malgré toute la ponctualité & la viteſſe extraordinaire dont on uſe, exige abſolument un tel ordre, que les Archives & les Regiſtratures ſeront ſi ſurchargées d'Actes dans cinquante ans d'ici, qu'il faudra ou faire une revuë générale de tant de paperaſſes inutiles, ou s'attendre qu'il arrive au Regiſtrateur comme à ce Voyageur qui ne pouvoit trouver Paris, à cauſe de la quantité des maiſons.

Et ainſi que, ſans le chercher, les grands Princes ont le bonheur de ſe voir copier par les petits, & que par une ſuite de cette fureur de l'imitation on trouve

rang, c'eſt le plus grand des malheurs. Reflexion de la Reine *Chriſtine*, Cent. 8. n. 43.

trouve en miniature par ci par là dans les Cours de l'Allemagne tous les differens Corps du Militaire prussien, ainsi cette vanité s'est aussi étendue jusque sur le civil. Rien de si plaisant, que de trouver dans un Almanac de Cour les differens Colléges d'un Prince, qui n'auroit bésoin que d'un Conseiller, d'un Baillif & d'un Directeur des rentes, ses Prédécesseurs n'ayant rien eu de plus. Heureusement que les Conseillers de la Régence, de la Cour, du Consistoire & de la Chambre sont pour la plus part les mêmes personnes. Aux petites Cours on avoit jadis certains jours destinés aux affaires de Finance, il faut aujourd'hui que cela s'appelle la Chambre; ainsi des autres Rubriques. Un païs composé d'une petite ville & de quatre ou cinq villages, entretient un Conseil de Régence, un Consistoire, une Chambre des Finances, un departement de Maréchaussée, un pour les forêts, un pour les batimens & un pour la police, & je sais pour certain, qu'à une Cour où il y avoit eu quelques ardoises de cassées sur le toit du Chateau, la chambre des Finances rendit cinq décrets, ce qui par un simple ordre verbal à l'écrivain des batimens auroit tout aussi bien pû être raccommodé.

La constitution politique d'un païs doit se diriger comme un bâtiment. Il y faut des directeurs & des soûdirecteurs, des artistes, de simples ouvriers, des hommes à la journée, des manœuvres, & aussi des chevaux & des ânes pour charier des matériaux.

C'est le Prince, qui nomme le chef de chaque Collége, & c'est un bonheur, quand le choix est tel, que l'homme, sur qui il tombe, remplit dignement son poste.

 Mais

Mais il arrive souvent en ce cas, ce que disoit l'Empereur *Maximilien:* qu'il pouvoit faire en un jour cent gentilshommes, mais pas un artiste dans cent ans.

Le directeur ou le Président d'un Collége doit absolument posséder à fond & supérieurement à tous les autres Membres ce qui est de son ressort, & il ne suffit pas qu'il ait cette idée de lui même, il faut aussi que le païs & les étrangers en soient convaincus.

Ce sont ici des regles générales pour tous les Colléges; il y en a, où il est encore de très grande consequence, de joindre aux dons de l'ésprit les qualités du cœur. Le chef d'un Tribunal ecclesiastique, qui se connoît parfaitement aux défauts & aux rémédes propres aux chevaux, & qui avec empressement s'informe d'un Curé des jeunes poulins de ses païsans, ou qui demande des nouvelles des haras d'un Diocése, auroit été plus propre à faire un grand Ecuyer, qu'un Président du Consistoire. Un directeur des Finances, dur, impitoyable & interessé peut faire passer son Maître dans le païs pour un tiran, & au dehors pour un Prince qui pense mal. Un Courtier de Justice, qui la pese au poid des présens, fait verser des larmes sur un Etat, & y cause plus de ravage & de desordres que des lavasses.

Le Président ou le chef d'un Collége doit posséder l'art difficile de commander & de faire executer sagement ses ordres. Il doit avoir assez de fermeté, pour se faire aimer, & contenir dans le respêt des personnes d'un caractère si opposé, pour fixer à chacun, soit l'ouvrage qu'il doit faire, soit celui

pour

pour lequel il a le plus de goût & de capacité; il faut qu'il ſache maintenir la ſubordination, l'ordre, l'application & l'obeïſſance dans les Colléges & parmi les ſubalternes; il doit être aſſez humain, pour corriger avec douceur les fautes commiſes par foibleſſe, mais aſſez rigide en même-tems, pour perſécuter d'un œil ardent & punir avec l'impartialité d'un juge la méchanceté, la fourberie & l'infidelité. Ses Collégues doivent le regarder comme leur protecteur, leur curateur, leur ami, & comme un pere, qui ne cherche que leur bien, qu'à éléver & faire valoir leurs ſoins & leurs merites. Mais s'il veut ſoutenir l'honneur de ſon poſte, qu'il ſe garde bien de toute familiarité, car lorſque la veille on a paſſé une ſoirée ſur ce pied, on ne peut guere le lendemain reprendre le ton de maître, encore bien moins lorſqu'on a partagé enſemble des profits injuſtes, qu'on a projetté & executé de mauvais tours, qui mettent Monſieur le Préſident dans le cas de ſuivre la regle qui dit: tais-toi, & je me tairai, ou lorſqu'un Conſeiller oſe lui chucheter à l'oreille: qu'il ne depend auſſi que de lui, de faire ſon malheur.

Rien de ſi aiſé que de commander dans un Collége, lorſque le chef a ſû gagner l'éſtime & l'amitié de tous les membres, c'eſt alors qu'on s'empreſſe d'executer à la lettre tous ſes ordres. Un Soldat qui ſe fait une grande idée de ſon Général, qui eſt perſuadé de ſes ſoins, de ſa ſageſſe & de ſon expérience, combat plus vaillamment & eſt bien plus ſur de la victoire, que lorſque c'eſt malgré lui qu'il va à l'action, & qu'il ſe defie des lumieres de ſon chef.

* * *

Lorſque les differens Tribunaux du païs ſont dans la capitale, il ſeroit bon que ceux qui les dirigent, euſſent du moins pour ce qui concerne leurs departemens, & dans certaines occaſions, voix & ſéance au Conſeil privé. Lorſque les Colléges ne communiquent avec le Miniſtère que par écrit, il reſte bien des choſes en arrière, qu'un Préſident pourroit diſcuter & effectuer de bouche, & qui appartiennent néanmoins à l'intérieur d'un Collége; car ce n'eſt pas aſſez de travailler, & il ne ſuffit pas qu'il y ait toujours quelque choſe à faire, il ſe gliſſe ſous main dans un Collége des abus, des negligences, de mauvaiſes maximes, des methodes impropres, qui reſtent inconnûes & qu'on ne réléve pas quand ce Collége & ſon chef ſont tellement ſeparés du Miniſtre, qu'ils ne ſe communiquent rien que lorſque la force ou l'ordre l'exigent.

* * *

Il eſt vrai qu'à la plus part des Cours mediocres de l'Empire, les Préſidens des principaux Colléges ſont en même tems Miniſtres, en quoi il ſemble que ce ſouhait ſoit accompli; mais ne dis-je pas trop, ou eſt-il effectivement vrai? qu'il en reſulte un autre inconvenient encore plus conſidérable, qui eſt qu'un tel Miniſtre n'aſſiſte que peu ou pas même du tout à ſon Collége. Ce qu'on ne peut certainement pas nier, c'eſt que s'il doit en même-tems travailler au Miniſtère, il n'eſt abſolument pas poſſible qu'il rempliſſe totalement les fonctions eſſentielles de ſon poſte de directeur, à moins que la Préſidence ne fut ſimplement un titre d'honneur, & qu'il n'y eut ſous lui quelqu'un, qui avec le même poid & la même autorité eut réellement la direction, comme

on

on voit en bien des endroits des Préſidens & des Vice-Préſidens de la Chambre & de la Régence.

* * *

Que ce ſoit le Préſident ou non, il faut que dans chaque Collége il y ait au moins un homme qui ſoit cenſé le diriger.

Les uns y parviennent par une élévation, une force d'eſprit, & des lumières ſi ſupérieures à celles des autres, qu'elles repandent le jour & la clarté ſur tout ce que fait un tel homme (x).

D'autres s'y élévent par une longue expérience des affaires de leur Collége, d'autres par une groſſièreté brutale, à laquelle un homme ſenſible à l'honneur ne veut pas s'expoſer.

* * *

C'eſt celui qui dirige, qui doit ordonner les affaires, il les diſtribue, il a ſoin qu'elles aillent leur train, qu'on ne les lanterne pas & qu'elles ſe terminent. Il peut faire connoître ſes talens dans tous ces cas, & paſſer pour Maître, s'il ſe montre également capable & attentif dans tous ces points.

Garder l'ordre dans les affaires même, eſt une choſe qui demande beaucoup de ſageſſe & plus de conſcience qu'on n'en trouve dans bien des tribunaux

(x) Il y a une étoile & une eſpèce d'aſcendant, qui ſe fait reconnoître en quelques perſonnes, & qui les fait régner ſur les eſprits les plus independans & dans les Républiques les plus libres. Nouv. Relat. de Veniſe, T. I. p. 233.

naux & dans plusieurs Ministères. On se charge ordinairement dans les Colléges de tout ce qui y est presenté; d'où s'en suit le dicton: cela pend à la Regence, cela pend à la Chambre . . . . oui vraiment cela y pend, cela s'y pourrit & s'y corrompt même souvent, avant qu'on le dépende.

* * *

Le desordre nait en partie de mauvaises méthodes & en partie de principes peu raisonnés.

Je dis de mauvaises méthodes. Je connois une Chambre des finances, qui est par sistéme dans la confusion & doit y rester, jusqu'a ce qu'on y change de méthode & de sujets. J'ignore s'il y a un Directeur, mais s'il y en a un, il ne sait pas grande chose & a encore moins à dire. Parmi les huit ou dix Perruques, qui composent ce Collége, personne n'a un certain departement fixe, on se partage les affaires au hazard; tel a raporté aujourd'hui une affaire qui concerne les forêts, qui demain se mêlera des troupeaux, & celui qui s'entend le mieux à l'œconomie rurale, s'occupe à réviser les comptes; l'un se connoit aussi peu que l'autre aux affaires du païs, & tous ensemble ne savent rien du total. Il n'y a absolument personne dans tout ce Collége, qui posséde à fond une seule branche des finances. Ils donnent leurs avis par routine, ils font leur calcul par routine, ils empruntent par routine, & par routine ne payent pas; enfin le Prince & l'Etat sont ruinés par routine.

* * *

Peut-être les opposites mettront encore ceci dans un plus grand jour: Voici à peu près sur quel principes on agit dans un Collége mal reglé.

Qui

Qui a intérêt qu'une affaire se fasse, n'a qu'à la pousser lui-même.

Il faut savoir se debarrasser, soit avec douceur soit avec aigreur, de la foule importune des solliciteurs.

Il faut aussi pouvoir essuyer des sottises & des impertinences, sans faire ni plus ni moins qu'on n'avoit résolu.

Il faut jetter la faute des délais sur les Présidens, sur le Collége, sur les Secrétaires, ou même sur les prémiers tribunaux.

Il y a si long-tems que cette affaire traine, que peu importe qu'on la finisse un an plutôt ou plus tard.

L'affaire ne rapporte rien au Prince, on peut toujours la laisser trainer.

Nous n'avons pas plus de droit qu'il ne nous en faut dans cette affaire, il n'est pas besoin de nous presser.

Nous pouvons forcer les choses & les soutenir; qu'importe qu'on parle mal de nous, qu'on porte des plaintes aux Tribunaux de l'Empire, l'affaire va encore assez bien, il sera toujours tems de la finir.

Il se glisse dans l'affaire des principes que nous ne nous soucions pas de toucher, & dont nous avons nous mêmes soutenû, ou soutiendrons dans la suite le contraire, elle peut rester en suspens.

Il ſeroit vraiment bon, qu'on ſe mit à cette affaire & qu'on la terminât; mais qui s'en mêlera? C'eſt un ouvrage terrible, chacun s'excuſe, on en parle dix fois, enfin elle pend au croc (y).

* * *

Quand à la maniére de partager les affaires, je m'en rapporte à ce que j'ai dit plus haut.

Dans la plus part des Colléges chaque Membre a ſon departement particulier, ſur lequel il faut principalement ſe regler dans la diſtribution des affaires courantes; quoique dans de certains cas, ſoit par raport à la perſonne du Raporteur, ſoit pour accélérer la choſe &c. un Préſident peut avoir ſes raiſons pour ne pas s'y aſſujettir, & il ne doit par conſequent pas avoir les mains liées.

Mais ce doit être une regle immuable en ſoi-même, que chaque eſpèce d'affaires doit toujours avoir ſon homme perſonnel; ſans quoi il en reſulte un ouvrage imparfait & une confuſion inévitable dans les affaires, parce-qu'on ne peut pas prétendre d'un ſeul homme, qu'il ſoit également propre à tout, ce qui peut arriver dans un Collége, & que ces gens, qui s'offrent à tout & veulent être à tout, ſont la plus part du tems des trompeurs, des têtes éventées qui en font à croire, ou enfin, pour en juger le plus doucement, des hommes ſur qui on ne peut faire aucun fond.

Con-

(y) Inutili cunctatione agendi tempora deliberando conſumunt & dies rerum verbis terunt.

Tacitus.

* * *

Conféquemment les départemens dans le Confeil privé fe partageroient d'eux-mêmes en affaires générales de l'Etat, en affaires particulières touchant l'intérieur du païs, en affaires de justice, & ce qui y apartient, en affaires de Finances, & en affaires étrangères.

* * *

Il faut prémierement à la tête de la Regence une perfonne en état de remplir avec dignité le département le plus important, je veux dire une perfonne, qui connoiffe à fond la conftitution politique du païs & qu'on puiffe regarder comme le Publicifte de la Maifon, pour foutenir en gros les droits du Souverain, pour éclaircir les differens qui pourroient naître dans les conférences avec les voifins, les Etats du païs, ou bien avec la Nobleffe mediate ou immediate qui y eft enclavée &c. pour les affaires de la Chambre Imperiale, pour celles de la Diéte ou fimplement celles du Cercle, & toutes celles, qui peuvent s'entendre fous le nom d'affaires publiques.

Si l'article des fiefs n'eft pas trop fort, on pourroit auffi en charger la même perfonne; mais fi cet objet eft trop étendu, on lui adjoindroit alors un fécond.

Les affaires générales de l'Etat feroient confiées à un troifieme, qui, à proprement parler, feroit le défenfeur des loix & le foutien des ordonnances dans l'intérieur du païs; il regleroit les limites, les Commiffions provinciales, les affaires entre les Baillifs &c. les conflicts de jurisdiction entre divers Tribunaux fubalternes &c.

Les droits régaux ſont preſque partout de la competence de ce même homme, il y a bien des Cours où on en charge particulierement le Procureur de la Chambre, le Fiſcal du païs, l'Avocat du Prince ou tel autre, ſous quel titre il plait; mais ſa fonction eſt en partie plus étendue & en partie plus reſtrainte que je ne le veux dire ici.

Un autre ſeroit généralement chargé de tout ce qui concerne la haute & baſſe police autant qu'elle a du raport avec la Régence; du departement des poſtes, des Monnoyes, des chemins, des droits de chaſſe & des forêts, des péages de la navigation, & des établiſſemens en faveur des pauvres.

On en pourroit enfin encore laiſſer une couple pour le courant des affaires particuliéres.

* * *

Au Conſiſtoire je chargerois un des Membres, de la Batiſſe, de l'entretien, des revénus & des biens fonds des Egliſes & des Ecoles, ainſi que de tout ce qui eſt du reſſort de leur œconomie.

Sur le même pied un autre auroit ſoin des hôpitaux, des maiſons de force & d'orphelins, des fondations publiques & de tout ce qui a raport aux établiſſemens pieux.

Un troiſieme examineroit leurs droits vis à vis & contre les nationaux & les étrangers.

Le département du quatrieme & du cinquieme rouleroit ſur les affaires particuliéres & les procès conſiſtoriaux.

Les

Les Aſſeſſeurs eccléſiaſtiques auroient l'œil ſur ce qui concerneroit la doctrine, la vie & les mœurs des Eccleſiaſtiques. S'ils étoient eux-mêmes de vrais ſerviteurs de Jeſus Chriſt, & s'ils prenoient à cœur l'aggrandiſſement de ſon Royaume, ils feroient avec zele & avec joye uſage de leur pouvoir, pour gagner au ſervice de l'evangile de braves & dignes ſujets, pour avoir ſoin de la proſperité des Egliſes, mettre ſur un bon piéd les Univerſités & les Ecoles & procurer à la verité ſureté, liberté & protection contre les puiſſances infernales.

* * *

Il faut à mon avis à la tête de la Chambre des Finances d'un païs puiſſant ou mediocre de toute neceſſité un Directeur qui ait toujours dans ſa tête & ſous ſes yeux le plan général, qui connoiſſe à fond les forces & les produits naturels du païs, qui éclaire les meilleurs ouvriers dans leur route, anime leur fidelité, éguiſe leur application, qui ſache conſerver l'ordre & l'équité dans ſon Collége, qui ſoit à même par ſa capacité & ſes lumiéres d'ameliorer l'état, qui ſoit aimé de ſes Collégues, ſoutenû de ſon Maître, craint des faiſeurs de projets & des fourbes, honoré dans le païs, & qu'enfin ſon mérite lui acquière l'éſtime d'un chacun.

On ſait bien, que la plus part de nos Princes allemans n'ont pas beſoin d'un *Colbert* pour diriger leurs finances, ils peuvent ſe paſſer avec beaucoup moins, &, grace à la liberté germanique! il n'y a plus guere à prendre chez la plus part des ſujets; mais je me charge de prouver, qu'il n'eſt point de païs ſi petit qu'il ſoit, qu'on ne puiſſe conſidérablement améliorer, ſi on s'y prend exactement & ſi on en en cherche bien les vrais moyens. Lorſque je parle d'améliorations utiles, j'entends celles, par où on peut étendre l'aiſance des habitans & faciliter leur ſubſiſtance; mais un Prince qui a le bonheur d'avoir un pareil homme doit l'éſtimer autant que la mine la plus fertile.

La Maiſon de Caſſel poſſede un tel joyau dans la perſonne du Conſeiller privé *Waitz*, qui outre le mérite d'une diſcretion particuliere & le caractère d'un vrai ami de l'homme, eſt ſi inſtruit de toute l'étendue de la ſcience des Finances, & des ſecrets de la nature, qu'on peut avec juſtice l'appeller le frere de la nature même. Je n'ai pas vû le Weiſſenſtein près de Caſſel, mais j'ai vû & admiré l'homme qui au ſens littéral a trouvé la pierre philoſophale: qui connoit de certains faits rélatifs aux ſalines de Nauheim, trouvera, que l'expreſſion eſt conforme à la vérité. C'eſt aſſez dire à la gloire d'un Prince, qui ſait, comme il doit faire cas d'un tel ſerviteur, & à l'honneur de ce Miniſtre, d'ajouter que le Roi de Pruſſe l'a fait deux fois venir à Berlin, pour le conſulter dans des affaires particuliéres & que le Maréchal, Duc de *Broglio*, ce digne & aimable Seigneur, ſi connû par ſes hautes qualités, a ſi bien fait ſon éloge à ſon départ de Caſſel, lorſqu'il dit dans des circonſtances bien honorables pour Monſieur *Waitz*: „ que ſi le Roi ſon Maître avoit deux Fi„ nanciers de ce mérite, on s'en trouveroit bien „ mieux en France. „

L'éſtime la plus fondée m'engage, à citer encore ici pour exemple un Miniſtre très reſpectable, qui a ſu réunir de la façon la plus heureuſe ces principes dans le poſte où il eſt, & dont le nom ſera fera un jour aussi précieux à la postérité du Prince, qu'il l'est aujourd'hui au Maître même, Prince qui sachant mieux que personne apprécier le vrai mérite, l'honore d'une confience sans borne, comme la recompense la plus effective de la part d'un Souverain qui pense noblement vis à vis d'un sujet de la même trempe. Monsieur *de Zerbst*, premier Conseiller privé, Président de la Régence & du Consistoire du Prince de Waldeck, trouva en entrant à ce service les revenus du Comté de Pyrmont environ à 4000 florins; par une multiplication ingénieuse des produits naturels du païs, par l'etablissement d'une Saline, par l'amélioration d'arrangemens plus utiles à ses fameuses eaux minérales, par le moyen des verreries, en en facilitant & augmentant le transport, & par d'autres soins infatigables, les révénus, suivant qu'une personne digne de foi me l'a assuré, sont montés jusqu'à 24000 florins, le tout (ce qui en couronne d'autant plus le mérite) sans surcharger aucunement les sujets, en facilitant au contraire leur subsistance, & en enrichissant le païs par de nouveaux habitans qu'il a sû y attirer par l'appas du gain qu'il leur a fait envisager.

* * *

Après un chef sage & experimenté doit immédiatement venir un homme, qui proprement & principalement ne soit occupé que de la recette, non pour tenir la Caisse, ce qui est l'affaire d'autres subalternes, mais pour avoir toujours l'œil sur les Rubriques fixes & variables d'une recette, remarquer quand elle hausse ou quand elle baisse, en chercher les raisons, & aprofondir les causes de la diminution ainsi que tout ce qui y a du rapport & mérite

mérite une attention particuliére, pour le porter en délibération au Collége.

Un second Membre doit être chargé des payemens généraux & des comptes.

Un homme fonciérement instruit de l'œconomie rurale dans ses parties les plus étenduës & les plus lucratives tiendroit le troisieme rang.

Je mets un autre Conseiller pour avoir sous ses ordres les produits du païs, comme les forêts, les Mines, les Salines, les Forges & autres de cette nature, ce qui ne laisseroit pas de l'occuper suffisamment; dans les petits états j'y joins les manufactures & les fabriques.

Si un arrangement plus étendû le permettoit, un homme specialement destiné aux affaires de la Cour, & aux besoins de l'Etat, autant qu'ils ont rapport avec les finances, ne seroit pas de trop.

Il seroit juste aux Cours qui sont fort endettées, d'avoir un homme exprès, qui tint le milieu entre le Prince & les Créanciers & qui fut comme le tuteur des derniers.

On devroit pour le courant laisser un ou deux sujets.

Au milieu de toutes ces occupations particuliéres, chacun de ces Conseillers auroit encore des momens de reste pour l'ouvrage général, pour les Commissions & les voyages dans le païs, & même aussi pour ses plaisirs & recréations.

Com-

* * *

Comme je n'entends rien au Militaire, je ne m'avise pas de juger des affaires des Colléges de guerre de la plus part des Cours.

Il ne suffit pas de partager simplement l'ouvrage suivant le savoir d'un chacun, il est presque aussi important d'en consulter aussi le goût particulier.

Car il est sûr, que l'on ne travaille jamais avec plus d'ardeur, que lorsqu'une chose nous plait; & l'on trouvera, que c'est une experience certaine, que moins il y a du monde dans un Collége, mieux, plus tranquilement, & avec plus d'ordre le service s'y fait: bien entendu, que le Collége ne soit composé que de sujets choisis & capables, & que le chef sache distribuer à chacun d'eux l'ouvrage où il excelle le plus, & qui est davantage de son goût.

* * *

Ce qui donne de la réputation à un Collége, c'est lorsqu'on le voit travailler & expédier avec zéle. Il faut que j'en revienne au chef. Un homme naturellement phlegmatique ou un vieillard blanchi au timon des affaires sera indolent, & laissera aller les choses leur train naturel, il en est alors comme d'une famille, où le pére & la mére ne peuvent plus marcher, les enfans & les domestiques font ce qu'ils veulent; par cette seule raison, si importante & prouvée par l'experience journaliere, un Prince ne devroit jamais souffrir un homme d'un age trop avancé à la tête d'un Collége, il n'a qu'à le laisser dans le Ministére, l'accabler d'honneurs & de marques de bonté, mais, (si le bon homme ne le sent pas de lui-même) il peut en toute sureté de con-

conſcience lui dire à l'oreille : jam ſatis pugnatum eſt.

Par un principe oppoſé, on ne devroit jamais donner la Préſidence d'un Tribunal à un homme, qui eut moins de quarante ans, quelque honnête, quelque laborieux & quelque habile qu'il fut, car s'il n'eſt d'un temperament extremement poſé, & ſi dès ſa jeuneſſe il n'eſt rompû au train des affaires & fait à la patience qu'elles exigent, il veut que tout aille avec une promptitude outrée dans ſon Collége, il gliſſe ſuperficiellement ſur les affaires, en commence beaucoup & n'en finit point, la lenteur l'ennuye, & en pareil cas le plus ſage fait les fautes les plus lourdes.

La raiſon veut qu'on garde toujours un certain milieu. Il eſt des caractères qui agiſſent d'eux-mêmes, ils ſont pleins de vie, de zèle & de courage ; tandis qu'il en eſt d'autres qu'il faut toujours talonner & exciter. L'un & l'autre ont leur bon & leurs mauvais coté. Les perſonnes de la premiére éſpèce travaillent beaucoup, mais l'ouvrage s'en reſſent, jamais elles n'y mettent la derniere main, on y remarque bien les traits d'un heureux pinceau, d'un génie vif & perçant, on voit ce que cela auroit pû devenir, mais ce n'eſt effectivement rien. Les autres au contraire reſſemblent ſouvent aux poules, qui empêchent leurs œufs d'éclorre en ne ceſſant de les couver. Chez tous deux le temperament y entre pour beaucoup: il eſt déſagreable, lorſqu'un homme qui pourroit s'acquiter bien de tout ce qu'il entreprend, laiſſe ſon ouvrage imparfait par légéreté & pour ſe faire la reputation d'ouvrier expeditif. On y peut cependant remédier, il il n'y a qu'à lui rendre ſon ouvrage, pour le repaſſer encore une fois, alors on aura ce qu'on vouloit avoir; il ne le fait à la verité pas volontiers, ſes prémiéres idées ſont ſes idées favorites, mais comme c'eſt un homme d'eſprit, & qu'il voit que cela ne ſe peut pas autrement, il y retouche encore & rend l'ouvrage parfait.

Mais avec les pareſſeux il faut tantôt de la patience & tantôt de la fermeté, pour en faire quelque choſe. Tel à qui tout paroit difficile, ne ſe croit pas capable de grande choſe, ſe donne beaucoup plus de peine & réuſſit d'autant mieux. C'eſt avec celui-ci qu'il ne faut que de la patience & des remontrances amicales; car ſi un tel homme veut ſe forcer; il ſe trouve hors d'haleine, & ne peut avancer plus loin. Il le faut laiſſer aller ſon train. C'eſt en revange la force qu'il faut employer, & un Préſident a beſoin de toute ſa fermeté vis à vis de ces hommes pareſſeux & commodes, qui gagnent leur pain ſans rien faire, qui voudroient toujours charger les autres du fardeau qu'ils ne daignent ſeulement pas toucher du bout du doigt, qui critiquent tout, ſans ſavoir mieux faire, qui forment beaucoup de juſtes plaintes ſans ſonger à y porter rémédes eux-mêmes, qui paſſent leur tems en viſites, en promenades & autres pareilles choſes, qui tiennent leur maiſon dans la derniere propreté, tandis qu'ils laiſſent trainer dans la pouſſière les actes qui concernent le Souverain, ſa Maiſon & les pauvres qui ſoupirent après la juſtice; car l'écriture ſainte nous apprend elle-même: „ Le ſerviteur qui connoît la volonté du Maître & qui ne l'aura point faite, ſera battu de plus de coups. „

* * *

Ce n'eſt pas aſſez de travailler beaucoup & avec application. Tel eſt infatigable à l'ouvrage, qui ne fait les choſes qu'à demi; tandis qu'un autre qui n'y employe que peu de momens, n'a qu'à ſuivre le goût, l'ordre & la force de ſes penſées; tout lui réuſſit avec une facilité merveilleuſe. Le premier ne travaille que mechaniquement, chez l'autre tout part du génie. Il eſt impoſſible de conſerver du matin au ſoir l'ame dans la même vigueur pendant toute une année, & j'avouë de bon cœur, que je n'ai pas de ces hommes, dont l'application fait tant de bruit, à beaucoup près une idée auſſi avantageuſe qu'on l'a en général. Cela paſſe, lorſqu'il s'agit d'affaires particulieres, qui peuvent ſe diſcuter par le droit écrit, ou par une routine bien entendue, on peut y travailler également tous les jours. Mais quant aux affaires plus relevées, peu ſeroient capables de s'y appliquer journellement avec la même facilité, à moins d'avoir (ſi j'oſe me ſervir de cette expreſſion) tellement l'ame d'un Courier, qu'on puiſſe ſupporter la plus longue courſe auſſi aiſément qu'une ſimple promenade. Un courier de cette force ſera bien plutôt hors de ſervice qu'un autre, & il ceſſera de courir, lorſque d'autres commencent à peine, ou ont encore leur plus grande vigueur.

* * *

Je ne dois pas ici paſſer ſous ſilence un autre artifice dont ſe ſervent de pareſſeux & foibles ſerviteurs, avec plus ou moins de ſuccès. Souvent l'homme le plus habile eſt naturellement le plus pareſſeux; il eſt jaloux de ſes aiſes ainſi que de ſon honneur; il n'aime pas que les affaires importantes lui paſſent devant le néz & qu'un troiſieme en ait la gloire

gloire & quelquefois le profit, il n'en veut cependant pas faire plus qu'un autre, pas même autant. Pour réunir l'un à l'autre, il se surcharge de tout ce qui donne dans le diffus; vient-on dans son cabinet, on s'épouvante du tas d'actes qu'on y trouve, sous les rubriques les plus importantes. Lui demande-t-on au bout d'un tems raisonnable, comment va son ouvrage, sa reponse est toute prête: cela ne se jette pas au moule; cela demande du tems & de la lecture. Veut-on ad interim lui donner quelque autre bagatelle à faire, il s'excuse d'abord sur ce que celà pourroit le distraire de l'affaire principale, qu'ainsi il supplie qu'on l'en dispense. L'en dispense-t-on effectivement, il n'en est pas plus laborieux, il ne fait que remettre le Collége d'un mois & d'une année à l'autre, jusqu'à ce qu'enfin on lui ôte les papiers, & qu'il a l'excellent prétexte de ne rien faire voir de son ouvrage, ne voulant pas, dit-il, avoir travaillé pour d'autres. Le charge-t-on du moindre petit ouvrage, il a pour excuse éternelle: qu'on lui a donné tant d'autres occupations, qu'il lui a été impossible de s'appliquer un moment à l'affaire principale.. Ces sortes d'hommes affectent & joüent le role des gens les plus laborieux, sur qui répose la moitié du fardeau de l'Etat, ils passent même pour tels près des ignorans; mais dans le fond ils volent le pain qu'ils mangent, puisqu'ils le gagnent sans rien faire.

Une autre espèce de serviteurs qui appartient à ce chapitre, sont ces gens foibles à qui tout ouvrage est extrémement difficile, & qui veulent cependant contrefaire l'homme actif & dont on ne peut se passer. Ceux-ci ne sont pas sans rien faire, (& il vaudroit souvent mieux qu'ils ne fissent rien,) ils travaillent, & on doit aussi savoir combien ils travaillent, & combien leur coute leur application. Ils s'enferment au verrouil dans leur Cabinet, ils ne sont à la maison pour personne, ils font dire au Collége qu'ils ne peuvent y venir, parcequ'ils sont occupés de l'ouvrage en question, ils se mettent tard à table & se couchent de même; femme, enfans, cousines, tout leurs fait compliment sur leur assiduité, le médécin ordinaire de la maison les menace d'hypocondrie, il n'y a pas jusqu'au valet de la Chancellerie qui n'admire une application jusqu'alors inouie dans la résidence; qu'en résulte-t-il enfin? Un fatras de papier, dont le stile forcé, pésant & empoulé dénote suffisemment la süeur & la peine qu'il a couté à l'auteur. Est-on assez heureux d'avoir un chef ou un maître, qui juge moins d'un ouvrage par sa valeur intrinseque que par le tems qu'il a couté & les grimaces qu'on a faites en les mettant au jour, on est sûr d'acquerir la réputation d'homme qui pense & raisonne avec maturité, tandis qu'on reproche à un Collégue, homme d'esprit & d'une conception vive, son trop de precipitation, par ce qu'il pense, embrasse & execute plus en une heure que toute la logique de ce genie lambin ne peut imaginer (y).

Savoir

(y) Il est des gens de tout état, qui jugent d'une opération par le travail qu'elle coute; d'un homme en place par sa gravité & de l'occupation qu'on a, ou par celle qu'on affiche; pour qui tout est immense, parceque tout chez eux est petit & borné; & qui, voyant les objets doubles, s'imaginent qu'on les voit mal, lorsqu'on les simplifie. Mem. secr. de *Bolingbroke*, T. I. p. 20.

* * *

Savoir garder le ſecret avec fermeté, eſt un point ſi eſſentiel au ſervice, que je me vois forcé d'en toucher ici quelque choſe. Il y a certaines Cours ſans ordre, où l'on ne ſait ce que c'eſt que garder le ſecret. Le Valet du Conſeil privé a ainſi que le Miniſtre la clef du porte-feuille où ſont les actes, & lui dit d'avance ce qu'il lui apporte de nouveau, il le montre chemin faiſant à d'autres, il fait voir aux parties, quel a été le ſentiment du Collége & quelle ſera probablement la reſolution du Prince. Il eſt aiſé de ſavoir à peu de frais les principaux ſecrets de la Maiſon, un Miniſtre integre ne peut dire ni écrire un mot à ſon Maître, ſans que le dernier ſubalterne de la Chancellerie, les filles de chambre & les laquais même n'en ſoient inſtruits, on eſt trahi, on eſt vendû, ou du moins tout ſe ſait.

D'autres Cours au contraire ſe font moquer d'elles à force de miſtères. Si on s'y aviſe de demander à quelqu'un des nouvelles d'une affaire qui eſt déja dans les Gazettes, il vous répond ſechement: quoi? Voulez-vous faire mon malheur?

L'un & l'autre eſt outré. Ce qu'on apelle garder le ſecret dans ſon vrai ſens & tel que le devoir l'exige, c'eſt ce que ſait un chacun ſans qu'il ſoit néceſſaire d'en dire davantage; il ne s'agit que de parler des moyens les plus prompts & les plus efficaces pour prévenir ces abus; à mon ſens ils ſe reduiſent à ce qui ſuit.

Qu'un Prince ne doit entretenir que le nombre de ſujets dont il a abſolument beſoin pour chaque département, mais qu'il faut que ce ſoit des gens

 choiſis

choisis & d'une fidelité à toute epreuve. La foule des subalternes dans les chancelleries & dans le Cabinet entraine infailliblement des propos indiscrets qui ébruitent les affaires.

Ces gens doivent en revange être bien & exactement payés, afin que le besoin ne les expose point à la tentation.

Qu'on choisisse specialement pour les dépêches & pour la garde des Actes des sujets d'une discrétion à toute épreuve.

Qu'on ait exactement l'œïl sur tout dans les Colléges & principalement dans les Chancelleries.

Qu'enfin, sans exception de personne & sans égard aux circonstances, on punisse avec rigueur toute infidelité connue & demontrée; qu'on casse & diffame de pareils sujets.

* * *

Le défaut d'union dans chaque Collége, ou des Colléges entre eux, peut rendre la vie pénible à un chef qui a les intentions les plus droites, & reculer ou embrouiller beaucoup les affaires.

Chaque Cour a généralement ses partis & ses factions differentes. Je n'en excepte pas même celles qui passent pour les meilleures. Tant qu'on en reste au personnel, elles forment une incommodité de la même nature, que lorsqu'en un endroit l'eau pure, le bois, le pavé ou autre chose semblable manquent; il faut le supporter patiemment. Mais dès que les affaires s'en ressentent, c'est une maladie épi-

épidemique, & un mal qu'il faut couper dans sa source.

Je m'imaginè, sans donner dans des réveries ni dans des idées platoniques, que les principes suivans, puisés dans la nature, pourroient au moins prévenir ces débordemens extérieurs, & empecher les maux qui en resultent dans le gouvernement, lorsque

1. Un Souverain connoit à fond ses serviteurs, leurs mérites, leurs qualités & leurs défauts, & qu'il juge par les événemens particuliers de ce qui est foiblesse, fausseté ou malice.

2. Lorsqu'on établit une exacte subordination dans les Colléges, qu'on n'y déroge jamais, & que ceux qui sont à la tête des affaires, sont vigoureusement soutenus d'en haut.

3. Lorsqu'un Prince met un frein à la calomnie, aux plaintes secrettes (z) ainsi qu'aux faiseurs d'histoires & de contes &c. en se donnant la peine, surtout dans les choses, qui le touchent personnellement, de parler lui-même plusieurs fois aux person-

nes,

(z) Un des plus grands maux de ce Royaume consiste en ce qu'un chacun s'attache plus aux choses à quoi il ne peût s'occuper sans faute, qu'à ce qu'il ne peut obmettre sans crime .... Un Soldat parle de ce que son Capitaine devroit faire, le Capitaine des défauts qu'il s'imagine qu'a son Mestre de Camp, un Mestre de Camp trouve à redire en son Général; le Général improuve & blame la Conduite de la Cour, & nul d'entre eux n'est dans sa Charge, & ne pense à s'acquiter des choses â quoi elle l'oblige particuliérement. Test. pol. du Card. de *Richelieu*, T. II. p. 257.

nes, de les écouter, & pour lors, ſuivant les circonſtances, il doit les traiter avec bonté ou avec rigueur. Le Maître & les ſerviteurs y gagnent toujours l'un & l'autre. Le gloſeur eſt-il fondé, le Prince apprend la vérité du fait, & peut rendre juſtice. A-t-il tort, il ſe gardera bien de s'y expoſer une ſeconde fois, & de troubler la paix, crainte d'être chaſſé. Mais je ſuppoſe un Prince qui voit & écoute par lui-même; car ſi c'eſt par autrui, ou s'il a amodié ſon autorité, de telles recherches deviennent inutiles.

4. Que les loix & les ordonnances une fois bien réfléchies & duëment émanées ſoient obſervées très ſérieuſement, & qu'on ne pardonne à perſonne de les enfreindre, ou de les critiquer.

5. Qu'on ne ſouffre abſolument pas, que perſonne ſe mêle des choſes, qui ne ſont pas de ſon reſſort, comme font ſouvent les Chaſſeurs, les militaires, les confeſſeurs, les Medécins, les valets de chambre & les furets de Cabinet.

Les Cours, ſont elles-mêmes cauſe que ceci s'obſerve ſi differemment. Aux grandes Cours, où à un ſeul coup d'œïl du Maître, un mot du Miniſtre, tout obeït, cette harmonie ſe trouve bien plus aiſement.

Mais aux petites Cours, où tout loge ſous le même toit, où chacun ſe connoit à fond, où ſouvent les chefs & les ſubalternes ſe tutoyent, la choſe eſt plus difficile. Ou l'on y vit en bonne union, on paſſe le tems à boire & à manger, laiſſant le Prince pour un bon homme tel qu'il eſt, ſans

s'en

s'en mettre en peine, ou bien l'on y vit comme chiens & chats, & l'on y mange ses gages à se disputer.

* * *

C'étoit autrefois la mode que les Souverains assistoient eux-mêmes aux tribunaux, mais depuis quelques années ils cessent même par ci par là de se trouver au Conseil privé. C'est plutôt à la parade qu'il faut les chercher. Quelques Princes ont en revange fixé certains jours de la semaine où indifferemment, ils donnent audience à tout le monde, pour prouver que ce sont eux qui gouvernent. La chose par elle même est bonne, car elle inspire de l'amour & de la confience aux sujets qui naturellement doivent déposer aux pieds de leur Maître leurs intérêts (a). Cela rend d'ailleurs les Ministres, les Colléges & les juges inférieurs plus alertes & les tient dans une juste crainte; mais cet arrangement demande qu'un Prince soit tel qu'on doit l'entendre & le souhaiter, sans quoi le rémède est pire que le mal même; lorsque le Souverain manque de lumières, il risque son honneur & sa réputation & se fait connoître à tout son païs dans un jour peu avantageux; cet arrangement n'est-il pas fondé sur l'intention la plus droite, il est plutôt la source de mille méchancetés & ti-

(a) Si quis est, dit l'Empereur *Constantin*, qui se in quemcunque judicum, comitum, amicorum vel palatinorum meorum aliquid veraciter probare posse contendit, quod non integre atque juste gessisse videatur; intrepidus & securus accedat; ipse audiam, ipse cognoscam, & si fuerit comprobatum, ipse me vindicabo de eo, qui me usque ad hoc tempus simulata integritate deceperit: illum autem, qui hoc prodiderit & comprobaverit, & dignitatibus & rebus augebo. Ita mihi summa divinitas propitia sit. Cod. Theod.

& tirannies, il donne lieu à la calomnie, il brise les liens de la subordination, il affoiblit les égards dus aux Tribunaux, que son Maître expose à des consequences aussi dangereuses pour lui, qu'un homme qui souffre qu'on lui fasse des contes aux dépens de sa femme; s'ils sont fondés, il faut ou qu'il la renvoïe honteusement, ou qu'il la garde avec ignominie. D'ailleurs l'expérience nous apprend, qu'aux Cours où il y a eu autrefois & où il y a encore de ces jours d'audiences, malgré toutes ces précautions, on trompe encore les Princes les plus fins & on leur en fait à croire. Les sujets même y gagnent peu. Un Prince apprend bien par ci par là quelques circonstances particuliéres, il attrape de tems à autre sur le fait un juge corrompû; mais si en soi-même la constitution générale n'est pas bonne, si les Ministres ne valent rien, ce n'est pas ce qui redressera l'un & l'autre; un Ministre scélérat ne fera que changer de méthode, tandis qu'un honnête-homme peut exiger qu'on le dispense d'une pareille épreuve.

VI. Des

VI.

DES APPOINTEMENS.

Il faut que l'Officier jouisse de ses appointemens, & l'homme de mérite de ses récompenses.

Lettre du Comte de *Tessin*, P. I. p. 250.

L'article des appointemens demande encore un éclairciſſement particulier, parcequ'il a ordinairement beaucoup d' influence ſur le bonheur d'un Gouvernement. C'eſt une théſe decidée: que lorſque le ſerviteur a trop, le maître en a d'autant moins, & dans un cas urgent l'un & l'autre ſe trouvent vis à vis de rien. Il eſt en revange criant & honteux, lorſqu'un Prince à qui rien ne manque, qui même eſt dans l'abondance, veut pour premiére épargne rogner les appointemens de ſes ſerviteurs. Car, ou il en a beſoin, ou il n'en a pas beſoin; n'en a-t-il pas beſoin, qu'il renvoïe ceux qui lui ſont inutiles & qu'il paye d'autant mieux & d'autant plus exactement ceux, dont il ne peut ſe paſſer; mais n'en a-t-il qu'autant qu'il lui en faut, il doit rougir, ſi leurs minces appointemens leur fourniſſent à peine de quoi vivre avec leurs familles.

Il en eſt du civil comme du militaire. Une armée bien payée & bien entretenuë fait de beaucoup plus grands exploits qu' une infiniment plus nombreuſe, mal vetuë & mal nourrie. Un honnête homme fit derniérement la remarque ſuivante en ma préſence: un Pruſſien, dit-il dans un enthouſiasme patriotique, mange comme trois, mais auſſi ſe bat-il comme trois autres.

Et ſûrement l'eſtomac contribue quelques fois autant à la bravoure d'un Soldat, que le courage, &

l'on

l'on peut, ſans ſe tromper, conclurre du gouvernement mol & engourdi d'un Etat, que les ſerviteurs quoique ſurchargés d'ouvrage n'en ſont pas mieux payés.

Il n'eſt pas à la verité poſſible de fixer poſitivement partout les appointemens d'un poſte: On ne ſauroit dire s'ils doivent être forts ou foibles; cela depend beaucoup de la cherté du païs, de la vie qu'on y méne, de la figure qu'on y fait, du train qu'un Maître exige & de maintes autres circonſtances néceſſaires. On donne à . . . . douze mille florins par an à un Miniſtre, & il les dépenſe preſque, il y en a même qui font encore des dettes. L'entretien couteux d'un ménage, la cherté du lieu, la quantité de livrée, la magnificence des équipages, l'obligation de tenir table, d'avoir des habits de gala, le jeu & mille autres choſes empechent de mettre un ſol de côté; tandis qu'à . . . . un Miniſtre n'a peut-être que quatre mille florins, mais il peut aller à pied quand bon lui ſemble, il ne donne jamais un verre d'eau à perſonne, il met aux plus grandes fêtes un habit qui lui reſte encore du Couronnement de *Charles* ſept, il ne joue qu'avec ſes petits fils, & il vit plus content, travaille davantage & ſe trouve peut-être au bout de l'an plus ou du moins auſſi peu que l'Excellence qui va à ſix chevaux.

Il faut qu'en général un honnête-homme, qui a des talens, tire aſſez de ſon emploi, pour qu'il en puiſſe vivre avec aiſance ſelon ſon rang, & qu'il lui reſte en outre encore quelque choſe à mettre de côté, pour laiſſer aux ſiens après ſa mort.

C'eſt

C'eſt ce que la reconnoiſſance exige d'un Prince; Un cœur noble s'en fait un devoir, tandis qu'un Maître ingrat ne mérite d'être ſervi qu'au jour la journée.

Un Souverain, qui ne penſe pas aſſez delicatement pour s'y porter lui-même, devroit du moins le faire pour ſon propre intéret. Il y a un vieux proverbe généralement uſité qui dit: monnoye de cuivre, meſſe de cuivre; c'eſt à dire je ſers comme on me paye.

L'experience nous le confirme plus que tout ce qu'on en pourroit dire; on trouve par ci par là deux Souverains d'une même Maiſon, égaux par l'étenduë de leurs païs, par le nombre de leurs ſujets & par leurs revenus. Qu'on examine quel eſt l'Etat de l'un & de l'autre depuis plus de cent ans. L'un a ſû s'attirer à juſte titre le reſpêt & les égards de l'Empire & de tout l'Univers, on voit ſes richeſſes augmentées ainſi que ſon païs & ſa puiſſance; dirigé conſtamment par un heureux ſiſtéme, il a tout lieu de s'en promettre une continuation de ſuccès, ce qui pour l'avenir lui fait enviſager la plus brillante perſpective; l'autre branche n'a jamais ſû ſe tirer de ſon Etat de médiocrité, avec les eſpérances les plus entendües & les plus prochaines, les prétentions les plus juſtes, toutes les mêmes poſſibilités de ſe faire valoir & de s'enrichir que la premiére. Un engourdiſſement perpetuel a toujours étouffé les avis les plus vigoureux; ainſi que celle de ſon pére, la régence du fils eſt une continuelle léthargie, elle ſe paſſe comme un rêve; les mouvemens qu'on s'y donne pour s'élever, ſont comme ceux d'un homme qui ſommeille, ſans effets & ſans ſuites, enfin

fin la politique en eſt honteuſe, le gouvernement défectueux, & cette Cour eſt généralement mépriſée. Veut-on chercher les cauſes fondamentales d'une difference ſi marquée? Les voici, cette branche ſi ſupérieure en ſuccès a depuis un tems infini toujours eu des perſonnes d'un mérite diſtingué au timon des affaires, le Prince les a toute ſa vie conſidéré comme ſes amis les plus intimes & les plus affidés; il n'a ceſſé de récompenſer de fideles ſerviteurs quoique malheureux, il a genereuſement ſurchargé de bienfaits ceux qui avoient réuſſi, il n'a negligé ni tems, ni argent ni patience pour faire quiter le ſervice d'un Maître ingrat à d'habiles perſonnages & les faire paſſer au ſien, il a ſu former à tems de bonnes têtes aux affaires, & le ſucceſſeur recueilloit les fruits que ſon pére avoit greffé dans une pépiniére d'excellens ſujets. Les chefs des Colléges étoient toujours grandement payés, tandis que les autres étoient à leur aiſe; il ſavoit rendre à ſes Miniſtres le travail aimable par l'intérêt & l'attention qu'il avoit pour leur conſervation & leur ſanté; il s'abaiſſoit juſqu'à avoir ſoin d'entremêler leurs travaux de plaiſirs & de recréations, choſe ſi eſſentielle pour rafraichir l'eſprit & le tenir en haleine; il les debarraſſoit des ſoins de l'avenir en aſſignant des établiſſemens à leurs enfans, & en leur ſervant de pére, lorſque ceux-ci venoient à mourir, & donnant des penſions aux Veuves. L'univers entier eſt témoin du zèle, de la fidélité, du contentement & du bonheur avec lequel on ſervoit & conſeilloit cette maiſon. Elle commencera à déchoir de ſa grandeur, quand un jour le ſucceſſeur voudra faire une épargne mal entenduë ſur les gages de ſes ſerviteurs.

Mais

Tandis que cette autre Maiſon ſi decriée a toujours laiſſé les ſiens dans le beſoin & l'embarras; elle a eu de tems à autre de grands & heureux génies, mais qui ne pouvoient pas plus exécuter avec leurs ſubalternes, qu'un Général d'armée avec des troupes affamées. Les appointemens y ſont ſi petits, qu'il n'y a qu'un malhonnête-homme ou un Harpagon, qui puiſſe y mettre quelque choſe de côté; les fidéles ſervices n'y ſont point recompenſés; les mauvais point recherchés, les malverſations point punies; les bonnes têtes point encouragées; au contraire le zéle le plus marqué court riſque d'y être opprimé, & s'y voit en but à la jalouſie. On ſe contente de mauvais ſujets, parce qu'ils coutent peu, on n'y prend point d'étrangers au ſervice, ou du moins ne les encourage-t-on pas à y reſter. Il eſt égal au Prince, ſi le Miniſtre ſe fait malade à force de travailler, ou s'il reſte deſœuvré; s'il benit Dieu & le prie de lui conſerver ſon Maître, ou s'il lui ſouhaite la mort; les Conſeillers ſont la plus part comme des chevaux de bât, qui portent leurs fardeaux parce qu'on les en a chargé. On n'y fait rien de ces diſtinctions qui coutent ſi peu à un Souverain, & qui flattent & animent ſi fort les ames ſenſibles à l'honneur. L'ouvrage s'évapore dans les mains de l'homme le plus capable, parce que ſon eſprit, courbé ſous le poid des ſoucis journaliers, n'a plus ni feu ni chaleur; c'eſt en vain qu'on veut le charger de défendre les droits les plus importans de la Maiſon; au lieu d'achéter les livres néceſſaires, il eſt forcé d'employer le peu qu'il a, pour avoir du pain à ſes enfans. En un mot on n'épargne à cette Cour que là préciſement, où l'on devoit faire le plus de dépenſes en faveur d'un profit infiniment plus grand qui en réſulteroit.

Quelqu'un m'objectera-t-il à ce que je viens de dire, que la cause d'une difference si essentielle prend aussi sa source dans les lumières & les qualités des Souverains de ces deux Maisons ? c'est ce que je ne nie pas.

Une réflexion intéressante & fondée se joint encore à ceci: C'est le préservatif, oui le préservatif si necessaire contre la tentation. Après la connoissance que j'ai de la nature corrompue du cœur humain, que jusqu'ici Dieu n'a pas jugé à propos de guérir de sa grace, je ne peux regarder que comme injuste, qu'un Prince exige de la fidélité & de la droiture de gens qu'il paye ou peu ou mal. C'est alors que les domestiques de la Cour peuvent non seulement piller hautement, mais que même on le leur pardonne. Quant au tort que fait l'infidélité d'un Ministre ou d'un quelqu'un employé dans les affaires du païs, il est bien plus considérable. On pourroit boire furtivement bien des tonneaux de vin, sans que la Maison & l'Etat se ressentissent de cette perte; mais il faut verser des larmes de sang, lorsqu'on considére un Ministre, qui est malheureusement exposé à la tentation de marchander l'honneur & l'intérêt de son Maître pour un sac d'argent, pour un fief, enfin pour un établissement, que la necessité le force de chercher pour sa famille; quand un Conseiller vend le secret de son Prince, pour acheter du pain à ses dix enfans, parce que ses gages ne peuvent suffire qu'à l'entretien d'un homme qui n'est pas marié; lorsque du chef au bédau de la Chancellerie tous les Serviteurs se disent tout haut: *pillez aussi, trompez aussi.* On ne pend ni les Ministres ni les Conseillers, (à moins que ce ne soit par hazard un Juif) tout ce qui peut leur arriver, est d'être disgradifgraciés, & en attendant leurs enfans ont du pain Mais s'il falloit examiner la chofe à la rigueur, je ferois très embarraffé de décider fuivant les loix de l'équité & de la confcience: lequel eft le plus coupable, du Maître qui donne trop peu à fon serviteur, ou du ferviteur que le befoin réduit à voler? Car on a beau lui reprocher, que les gages ont été fuffifans à d'autres avant lui, qu'il n'auroit pas dû accepter ce pofte, que d'autres ont pû s'y tirer d'affaires, toutes ces récriminations font aifées à réfuter au Tribunal de la confcience d'un Souverain. Il faut, j'en conviens, pouffer les chofes bien loin, avant de meriter la corde; mais comment prétend un Prince punir une infinité de petites friponneries & de malverfations, lorfqu'il fait, qu'elles font une partie des revenus de fes ferviteurs? Comment traiter celui qui vend la juftice, qui reçoit des préfens, comment punir un Traitre, lorfqu'ils peuvent alléguer pour leur défenfe, qu'il y a fept ans qu'ils n'ont pas touché un fol de gages? Qu'il eft aifé en pareil cas de paffer les foibles bornes de la fimple probité naturelle! oui même une vertu mâle pourroit fuccomber à la tentation dans un béfoin fi preffant. De pareilles injuftices ne feront-elles pas un jour punies au jugement de Dieu, & le maître ne partagera-t-il pas avec fon ferviteur la peine des fautes qu'il lui a fait commettre? c'eft en verité ce que je crains.

Si les Princes croyoient, que les foupirs du ferviteur oppriment le Maître, que les pleurs d'un pére mourant, qui après vingt ans de fervice ne laiffe à fes enfans pour fucceffion que les arrérages qui lui font dûs, éloignent la benediction divine; s'ils croyoient, que les actions de graces que le ferviteur rend à Dieu pour les bienfaits, dont son Maître l'a comblé, sont comme une rosée qui se répand sur leurs païs & leurs Maisons; c'est alors qu'ils songeroient plutôt à épargner sur leurs chiens & leurs chevaux, leurs galleries de peintures & leurs batimens, que sur ces amis naturels (b).

Quelques Souverains, convaincus de cette vérité, tachent de se tirer d'affaire, en prenant à leur service pour les postes de distinction & ceux qui sont les plus exposés à la tentation, des gens riches par eux-mêmes, qui ont du moins en leur faveur le prejugé d'être incorruptibles, & qui peuvent être alors & sont effectivement satisfaits des anciens & minces appointemens. Mais comme on ne peut pas trouver mauvais, qu'un Prince, à mérite égal, préfére un homme riche à un autre, de même il est certain, que bien des places exigent cette précaution; & quoiqu'il soit possible d'être riche & en même tems honnête-homme, on ne peut cependant donner cette regle comme générale.

Un Ministre riche par lui-même, & tout autre homme aisé à proportion est d'un grand soulagement au Maître & à ses Finances dans bien des cas; il contribue plus au brillant de la Cour, à l'honneur du service & à l'avantage des sujets; il est effectivement plus capable en mille occasions, qu'un autre qui de lui-même n'a que peu ou absolument pas de bien; mais ce n'est pas toujours une consequence, que

(b) Rien de plus honteux à un Prince que de voir ceux, qui ont vieilli en le servant, chargés d'années, de mérites & de pauvreté tout ensemble. Test. polit. de *Richelieu*, T. I. p. 279.

que les plus riches soient le plus desinteressés, ils sont aux contraire souvent les plus insatiables; tout ce qu'il y a de sûr, c'est que vis à vis d'un homme riche les présens doivent toujours être plus considérables, qu'on a plus de peine d'en approcher, par ce qu'il a le prétexte de sa propre opulence, qu'il peut plus aisément se faire des amis avec un argent mal acquis, & qu'enfin un Prince en doit agir beaucoup plus poliment avec lui.

J'ajouterai à cela que le mérite n'est pas toujours accompagné de la fortune, que même on les voit rarement réunis. Doit-on exclurre du Ministère un homme qui a toutes les qualités réquises pour ce poste, par la seule raison qu'il n'est pas assez riche pour en faire les honneurs? le Maître ne peut-il pas aisément y suppléer? Il n'a qu'à le payer d'autant mieux, & le laisser jouir de certains avantages, qu'un Prince peut accorder à des gens de mérite, sans se faire tort ni à son païs.

Peut-être y a-t-il aussi des Souverains, qui s'imaginent, que ceux qui ne peuvent se tirer d'affaire, n'ont qu'à voir où prendre, qu'il est inutile de donner de gros appointemens, qu'on n'en trompe pas moins, & qu'il suffit que le Prince ne soit pas obligé de le tirer de sa poche. Mettre cette maxime en usage, est autant que donner le commentaire pratique du vieux proverbe qui dit: *Les grands Seigneurs veulent être servis.* Je ne veux pas m'arrêter plus long-tems sur ce chapître, parceque j'abhorre tout Souverain qui pense ainsi.

Il faut avoüer à l'honneur de nos Cours allemandes, qu'il y en a plusieurs, où l'on a assigné un fond

N 3 plus

plus que suffisant & même superflu pour les appointemens, & qu'on les y paye aussi assez exactement; mais en même tems on y remarque un autre défaut très important. Les sujets y sont trop multipliés, ce qui est cause, que les gages y déviennent à rien, à force d'être partagés; ils ne sont pas proportionnés dans les prémiers postes, à peine peut-on se tirer d'affaire dans les médiocres, & presque jamais dans les petits; tandis qu'avec un nombre plus borné les prémieres charges y seroient largement payées, & il y auroit de quoi vivre dans tous les autres emplois.

Le dicton connû, que le Prince n'en a pas besoin, mais qu'ils ont besoin du Prince, est respectable en ce qu'il prouve la bonté du Souverain, qui en est l'auteur, dans le moment qu'il l'a prononcé, mais on ne doit pas pour cela le regarder comme une maxime politique. Tout au plus peut-on l'adopter aux Cours où dans son vrai sens plusieurs ne vivent que des graces du Maître.

Il est vrai, qu'il est de certains arrangemens, qui par eux-mêmes exigent un grand nombre de personnes; comme les fermes de France, où l'un doit prendre garde à l'autre, & la nouvelle & exacte méthode de finir les procès en Prusse, qui demandent toutes les deux bien du monde. Mais ces modéles outrepassent de beaucoup les regles ordinaires. Veut-on tirer au clair, d'où part ce superflu de serviteurs, on trouve que cela vient en partie du Maître & en partie de ses gens.

Un Prince est bon & humain, il est bien-aise de répandre ses bienfaits sur plusieurs personnes; l'un est

est son sujet & le supplie d'avoir soin de lui; l'autre est un étranger de mérite que le Ministre voudroit attirer au service; le troisieme est le fils d'un ancien & fidéle serviteur; on a depuis long-tems promis de placer le quatrieme, cependant il n'y a qu'une place vacante, ils sont quatre qui la solicitent, & qui en sont tous très capables; mais parcequ'on leur veut faire plaisir à tous quatre, on partage l'emploi & les appointemens entre eux. A la vérité, par là le Prince se trouve avoir quatre serviteurs, mais il n'en a pas un entier. Ils sont reduits à chercher toutes sortes de voyes pour suppléer à leur entretien, & ils employent, pour y parvenir, ou la fourberie ou la bassesse, ou lorsque l'on a réellement besoin d'eux, ils sont occupés à autre chose. Quand bien même tout ceci n'arriveroit pas, du moins est-il sûr: que quiconque est à la tête de pareils gens, pour peu qu'avec toute sa sévérité il ait de sentimens d'humanité, ne peut absolument exiger d'eux la même exactitude, le même zéle, le même gout & le même courage, qu'on en pourroit prétendre, s'ils tiroient les gages en entier. Un Prince qui pense dans ce gout, entretient quatre personnes accreditées dans une Cour voisine; l'un de ces Messieurs sert encore douze autres Maîtres, l'autre s'entretient en suivant des procès, le troisieme vend, pour vivre, des cervelats & des bas de soye, enfin le quatrieme fait le gazettier; peut-être y en joindra-t-on bientôt un cinquieme, qui pour lors sera le cocher des quatre autres. On leur donne à tous quelque chose, ce qui bien compté mettroit le Maître à même,d'entretenir décemment à cette Cour un Ministre suivant son rang & son caractère, tandisque ces quatre personnes y vivent dans un perpetuel crepuscule d'honneur & de mépris. Tel

Tel autre Souverain fait consister son plaisir & sa grandeur imaginaire dans le nombre de ses serviteurs. Il est si peu chiche de ses tîtres & de ses emplois, que ses sujets n'y peuvent suffire, & qu'il est obligé de recourir à l'étranger, pour en grossir la foule. Si l'on voit cette Cour un jour de Gala, ce n'est que Généraux, Ministres, Chambelans, Aides de Camp & autres, on en pourroit former toute la décoration d'un Opera; on voit des Uniformes de toutes couleurs, ainsi que des cordons; c'est un éclat qui éblouit, & qui doit donner aux étrangers une haute idée de la puissance du Prince & le faire plus respecter de ses peuples. Mais qu'aperçoit-on, lorsqu'on examine attentivement ce Jupiter avec ses satellites? La plus part de ses Courtisans se nourrissent d'esperance & comptent sur des tems plus heureux, la moitié de ces Seigneurs sont au concours pour leurs dettes; ces dorures, qu'on doit encore, couvrent un cœur rongé par les soucis & les embarras; l'étranger de bon sens rit de ces excès, tandis que le païs soupire & gémit du luxe & des dépenses outrées d'un Prince voluptueux, qui s'imagine apparemment, que la moitié du monde a perdu l'esprit, au point de croire, qu'un pauvre petit-homme est grand, parce qu'un grand nombre d'autres encore plus pauvres l'environnent.

Une preuve rarement equivoque, qu'une Cour est mal reglée, est, lorsqu'il y a un trop grand nombre de Conseillers dans les Colléges. Ceci regarde principalement les Finances. Il est sûr, & l'experience nous le confirme tous les jours, que jadis nos Princes étoient beaucoup mieux servis avec quelques Conseillers de la Chambre & quelques directeurs des rentes; qu'ils avoient même plus de force,

force, d'argent & de crédit, qu'avec l'essaim d'Employés, dont à peine un est capable de donner un avis sensé pour le bien du païs, tandis qu'ils ouvrent dix opinions differentes pour la Chambre des Finances, & tous ensemble ne font pas la valeur d'une botte de foin digne qu'un païsan l'attache derriere son chariot.

Je lis avec surprise dans les lettres du Comte de *Tessin* (c), que le comptoir des Finances de Suede qui en dirige les recettes & les dépenses, & qui en doit rendre compte, se concerte toujours avec le Roi avant de prendre la moindre resolution en fait d'argent, & que pour tous les comptes & les regîtres relatifs aux Finances il n'y a qu'un Président & deux Commissaires, qui en ayent l'inspection, outre les subalternes nécessaires.

C'est au contraire une tragi-comedie, de voir quelques Cours de l'Allemagne (& combien n'y en a-t-il pas de cette espèce) où vous ne pouvez faire un pas en ruë, sans rencontrer ou un créancier ou un Conseiller des Finances. On y trouve un Senat respectable, composé d'un triste Président de la Chambre, d'un Directeur des Finances guere moins embarrassé, de deux Conseillers privés de la Chambre courbés sous le poid des chagrins & des réproches, de dix ou douze Conseillers de la Chambre & de la Cour, de quatre Assesseurs, de deux Receveurs en chef, de quatre Caissiers, de six Sécretaires, de quatre Registrateurs, & autant de Chancelistes, sans compter les Messagers, les Valets, les Hussards de la Chambre & tant d'autres de la même espèce. Tous ces gens auroient encore quelques jours de loisir, quand bien même ils seroient à la tête des Finances d'un

(c) Dans sa seconde Partie, p. 304.

d'un Royaume ; ils calculent un revenu d'un million ou d'un million & demi, qu'a le Prince, & plus ils calculent, plus trouvent-ils, qu'il eſt impoſſible que cela ſuffiſe à ſon Alteſſe Séréniſſime, d'où ils demontrent clairement, qu'il lui faut ou deux cent mille écus de plus par an, ou qu'elle ſera obligée de s'endetter d'autant chaque année. On prend encore quelques nouveaux Conſeillers, ils opinent près du Maitre pour ce que les autres avoient eu honte de conſeiller. A la fin il vient un perſonnage à qui il eſt égal de finir ſes jours ſur un gibet, ou dans ſon lit, qui dit hautement, qu'ils n'y entendent tous rien, & qui montre au Prince, par où, ſans ſe donner la peine d'augmenter ſes revenus, ce qui eſt en ſoi-même impracticable, il peut, en hazardant ſimplement ſon honneur & ſon crédit, par certains arrangemens gagner dequoi ſe tirer d'affaire, juſqu'à ce que l'un des deux vienne à mourir. Il eſt vrai que l'auteur de ce projet eſt de ſon côté obligé de renoncer à toute honte & d'employer la brutalité, tandisque du ſien le Prince prend la ferme reſolution de n'écouter ni remontrances, ni plaintes, ni prières, ni remords de conſcience. Cette ſorte de gens, malheureux dans quelques Cours, & à plaindre dans d'autres, ne ſeroient pas tombés dans l'opprobre qu'ils ont ſi bien mérité, ſi en les choiſiſſant on eut moins fait attention au nombre qu'à leur capacité, leur application & leur probité, & ſi on recompenſoit, comme il convient, d'habiles gens pour un Employ auſſi pénible.

Mais comment, pour le peu qu'on donne à la plus part des Cours aux Conſeillers de la Chambre, prétendre avoir des ſujets de mérite & au fait des Finances ? Il eſt vrai qu'il arrive plus ſouvent, que ces perſonnes meurent à leur aiſe que dans la miſère,

& il

& il paroit presque, que les grands Seigneurs comptent là-dessus, & qu'ils croiroient avoir tort, de donner de gros appointemens à cette espèce de gens qui ont le sécret du grand-œuvre; mais en vérité cette maxime est aussi erronnée que nuisible, c'est alors qu'on succombe aisément à la tentation de tromper le Prince & de fouler en cachette les sujets; on prend des présens, on joüe toute sorte de mauvais tours, en faisant des baux ainsi que des accords frauduleux & toutes les autres friponneries auxquelles par là on ouvre la porte, en même-tems qu'on étouffe l'inclination de ceux qui ont du goût & du génie pour les Finances; ils perdent l'envie de s'appliquer à la recherche des choses physiques & œconomiques, puisqu'on leur en sait peu de gré & qu'on les en récompense encore moins.

Je dis, du coté du Serviteur. Il y a une foule de gens, qui veulent être employés & qui accablent un Souverain & ses Ministres de placets, au point qu'on leur jette à tous un morceau de pain, c'est à chacun de voir comme il se rassassiera; mais si on vouloit se regler en consequence, on pourroit être sûr, que dans cinquante ans d'ici le nombre des Commis seroit doublé dans les Colléges. Car la plus part de ces sortes de gens se regarderoient comme deshonorés, de voir leurs enfans se donner au commerce ou apprendre un métier, la bienséance ne le permet pas, il faut qu'ils étudient & par là le pére & le fils s'imaginent avoir un droit fondé sur les meilleurs postes; il faut, comme on dit, commencer par en bas, le pére fournit aux appointemens tant qu'il peut, à peine une place vient-elle à vaquer, quelque mince qu'elle soit, qu'on court au Prince avec des placets, on employe les sollicitations près du Ministre, & le postulant qui auroit

pû

pû devenir un riche Fabriquant, un habile artiste, ou un bon ouvrier, se contente, pour faire honneur à son païs, d'un simple titre, avec l'expectance d'un très médiocre appointement, quand son tour viendra, car il y en a toujours de plus anciens qui peu à peu entrent en gage. Voilà ce qui occasionne cet essaim de serviteurs dans les Colléges inférieurs, ce qui est cause que maint heureux genie y moisit, & s'y trouve pour ainsi dire étouffé par la quantité de Secretaires, de Registrateurs & de Chancelistes.

On ne peut nier le tort qui en résulte, & il est grand en effet. L'Etat se trouve par là privé d'une foule de gens qui auroient été propres à mille autres choses, s'ils ne s'étoient imaginés que leur vocation les appelloit au service des Grands, & s'ils ne l'eussent suivi. Quelqu'un qui est naturellement un mauvais sujet & dont le caractère ne vaut rien, reste non seulement tel, mais empire encore, parceque le rang, qu'il croit occuper, le met déja au dessus du commun. A-t-il profité de sa jeunesse & de ses études; a-t-il du goût & des talens pour les sciences; ils s'amortissent peu à peu par le service mechanique & les travaux subalternes d'une Chancellerie, & ils s'éteignent même avec le tems tout à fait. Le même jeune homme qui auroit un jour mérité les premiers postes de l'Etat, se trouve à cinquante ans incapable d'autre chose que d'être collé à son bureau, où il paroit comme enchainé, sans espoir d'avancer, crainte de faire tort à ceux qui par leur ancienneté prétendent avant lui aux appointemens.

Cette quantité de sujets, tantôt point tantôt mal payés, repandent en outre une certaine langueur, un certain assoupissement & même une espèce de confusion dans les affaires, ce qui n'arrive pas à une Cour où il n'y a que le nombre necessaire de serviteurs; mais où ils sont bien payés.

Puis-

Puiſque le tître de mulet de la Chancellerie eſt d'ancien uſage, je peux donc bien encore alléguer pour preuve, que deux vigoureux chevaux bien entretenus tirent plus vite une charge plus forte, que vingt mulets nourris de chardons, qu'on ne peut animer qu'à force de coups.

Mais qu'on ne donne que du chardon à ceux qui ſont aſſez ſcrupuleux & qui penſent aſſez lachement, pour le préferer à une meilleure nourriture, parce qu'il eſt crû dans leur patrie; je parle de ceux qui ſont aſſez ſimples pour conſumer la fleur de leur jeuneſſe & leur ſanté à un ſervice, où on les recompenſe mal, pour avoir la conſolation de pouvoir ſur la fin de leurs jours mâcher un morceau de pain, lorſqu'à peine leur reſtera-t-il une dent, le tout parceque la farine, qui a ſervi à faire ce pain, a été moulue au même moulin dont ſe ſervoit ſon grand-pére. L'amour de la patrie qui nous porte aux grandes choſes dans les Republiques, eſt parmi de tels ſujets pure fainéantiſe, un préjugé dont ils n'examinent ni la ſource ni l'inconſéquence, une maxime pernicieuſe à l'Etat, la mére de l'oiſiveté, une théſe qu'on devroit diſputer en chaire & détruire dès l'école, parce qu'elle ferme à un païs l'entrée des expériences étrangères, rend une nation fiere d'elle-même & mépriſable à d'autres, & qu'alors on ne regarde comme vrais patriotes que ceux, qui ſuivent aveuglement l'ancienne routine, & qui avec la foi du Charbonnier s'inquiétent peu de l'amélioration de l'Etat. Ces étranges Germains ſont ſi patiens & ſi fous, (car je ne puis abſolument dire généreux) de manger tranquilement leur bien, celui de leurs parens, de leurs femmes & de leurs enfans, dans la crainte que s'ils entroient à un ſervice étranger, on ne les oubliat dans leur patrie, ce qu'ils regardent

dent comme le plus grand malheur qui dans ce monde puiſſe arriver à un homme; mais il les faut laiſſer dans les ténebres où ils ſont, car Salomon luimême & l'Eccleſiaſtique ſeroient obligés de ſe contenter de cette réponſe: *il n'en eſt pas autrement.*

A tout ce que j'ai dit juſqu'à préſent, il me paroit néceſſaire d'ajouter une diſtinction plus particulière & qui ſe rapporte à la difference intérieure des ſerviteurs mêmes; je le repéte encore une fois, les appointemens doivent en général être ſuffiſans, mais les plus forts appartiennent de droit aux Miniſtres & aux Chefs du Conſeil. Leur rang exige plus de dépenſes, ils ſe donnent plus de peines, les ſervices, qu'ils rendent, ſont de plus grande conſequence, auſſi faut-il y meſurer les récompenſes. Perſonne ne trouvera à redire, qu'un Prince faſſe venir de loin un Architecte & un Artiſte pour lui batir un ſuperbe chateau, & qu'il les accable de penſions, de graces & de bienfaits; faut-il que ceux qui dirigent & ſoutiennent l'édifice du Gouvernement, ſoient moins recompenſés?

Il eſt un autre principe, qui vient directement d'une certaine eſpèce de Miniſtres. *Fripon* s'eſt rendû infame aux yeux du public par mille traits mépriſables, en trahiſſant indignement ſon devoir; c'eſt une marchandiſe de rebut, quoiqu'il s'offre partout; on le fuit comme un lépreux; il eſt criblé de dettes & il met la ſeule choſe, qui lui reſte, à l'encan, je parle de ſa religion, mais qui voudroit de cette conſcience ſouillée & dechirée? Enfin il fait connoiſſance avec un Prince qui a beſoin d'un homme de ſon calibre. *Fripon* ſait à la verité qu'il ſe proſtitue, mais il ne ſait pas ſi les choſes pourront durer davantage chez ſon nouveau Maître que chez le précedent; il lui arrive ſouvent de réver de gibets & de de prisons perpetuelles. Ils font leur marché: *vingt mille écus par an, Monseigneur, ce n'est pas trop pour être surement damné, je ne le puis à meilleur marché.* Ils tombent d'accord, le Prince lui confie son païs comme on livre un malfaiteur au bourreau, auquel on paye plus cher le troisieme dégré de torture que le prémier.

Après les Ministres & les chefs des Tribunaux, les principaux Commis méritent par préference de forts appointemens; je parle de ceux qui travaillent au Cabinet, des Referendaires & des Secretaires d'Etat. Il faut par une situation aisée les mettre à l'abri de la tentation & recompenser par là leur discretion & leur fidelité, en même tems qu'on réveille leur zéle. J'y joins les Archivaires, ceux qui font les Memoires en faveur d'une Maison, les Ministres subalternes, qui travaillent chez eux, lorsque les Excellences font & reçoivent des visites, lorsqu'elles sont à la Cour, ou qu'elles reflêchissent au gros des affaires, que ceux-ci doivent après travailler en détail. Jamais une Cour, quoique même elle paye largement ses Ministres, ne sera bien servie, lorsqu'on y voudra épargner vis à vis de ces sortes de gens, & néanmoins pour le plus souvent on vise au meilleur marché, on regarde ces postes comme faits pour les commençans, tandis qu'il est beaucoup plus aisé de trouver un Conseiller aulique pour le banc des lettrés, qu'un habile Secretaire d'Etat ou un bon Archivaire.

Il faut que je fasse ici mention d'une espèce singuliere de serviteurs, ce sont ces gens extraordinaires, qui se vantent qu'ils servent leur Maître pour rien. Il est vrai que les grands Seigneurs ont cet avantage sur nous, qu'avec de simples titres & des marques d'honneur ils font autant que nous avec de l'arl'argent. A la Cour, je n'y trouve rien à redire, il faut laisser le plaisir de se ruiner soi & ses enfans à quiconque est assez sot de le faire d' une façon si agréable pour un Prince (d).

Mais quand un de ces hommes, vrais gibiers de potence, qui savent ouvrir au Souverain le coffre fort de ses sujets, quand un Conseiller privé de la cassette ose avancer, qu'il sert son Maître sans appointemens, & purement par inclination, j'avouë que je voudrois ainsi que Themis être aveugle, pour ne plus voir de gibets dégarnis.

* * *

Mon dessein étoit d'ajouter encore à cet écrit deux dissertations des droits & des devoirs reciproques des Maîtres & des Serviteurs, ainsi que des personnes employées à la régie des revenus de l'Etat; mais l'editeur s'étoit préscrit des bornes que je ne veux point outrepasser, je le remettrai donc à une autre fois; & quand bien-même je n'en dirois pas davantage, le Public n'y perdroit peut-être pas grande chose.

(d) Ils savent s'achêter du bien de leurs ancêtres
Des noms extravagans & souvent de sots maîtres.

Epitres diverses.

Avis

Avis de l'Editeur.

J'avois déja imprimé plus de la moitié de cette traduction, lorsque pompeusement les Gazettes en annoncerent une avec des augmentations considerables de la part de l'Auteur. La nouvelle me frappa & me tint dans l'inaction, jusqu'à ce que j'eusse attentivement lû le livre. Mais l'ayant trouvé rempli de germanismes ainsi que de fautes contre la Langue & le sens, j'ai crû devoir épargner à Monsieur de *Moser* le désagrément de se voir défiguré dans plus d'un endroit, & procurer au Public quelque chose qui fut plus françois & plus conforme au stile d'aujourd'hui. Cependant pour ne rien dérober à ce même Public, je lui joins ici ces prétendues augmentations qui se montent à dix ou douze pages, tandis qu'il verra, que d'un autre côté on a oublié de donner dans la Traduction de Francfort les pages 95, 173, 194 & 413. de l'édition allemande, qui peut-être, ainsi que les vers, auront paru trop difficiles à rendre. Au reste pour montrer d'un coup d'œil la difference de ces deux traductions, on citera à la fin trois ou quatre des fautes les plus grossières qui frapperont assez, pour faire voir que ce qu'on en dit n'est nullement par simple esprit de critique.

Additions de l'Auteur

dans la traduction de Francfort.

Page 29. Nos anciens Princes allemans pensoient tout autrement. Le celébre Electeur de Saxe, *Jean* le constant, avoit coûtume de dire: „ On apprend assez de soi-même à „ enjamber un cheval, à se defendre contre un ennemi & „ un animal feroce, ou à prendre un lièvre; de là vient que „ mes palfreniers n'ignorent rien de tout cela. Mais & moi „ & mes fils, avons besoin non seulement de l'esprit & de „ la grace de Dieu, mais d'habiles gens & de bons livres, „ pour apprendre à vivre saintement, à regner chrêtiennement, „ & à bien gouverner le païs & les sujets. „

Page 85. Monsieur d'*Arckenholtz* dit précisement la même chose de la Reine *Christine* de Suede: „ Il y a, c'est lui „ qui parle, dans les registres du Sénat, un passage fort re- „ marquable qui confirme le dégoût de *Christine* pour les „ affaires. Le Comte *Magnus* en fait recit & dit entre au-

 tres

„ tres choses: que la Reine ayant vû deux de ses Secrétaires entrer avec des papiers pour les lui faire signer, elle dit en présence du Prince *Charles Gustave*, que quand elle „ voyoit ces gens-là, *il lui sembloit voir le Diable.* „

Page 91. Si les Princes qui ne savent mettre aucunes bornes à leurs ordres & à l'obeïssance de leurs sujets, & qui s'imaginent que tout leur est soumis, étoient assez heureux que d'apprendre à connoître les instrumens, par lesquels leur volonté est déterminée, combien les motifs, qui influent sur leurs resolutions, sont bas, & combien on abuse de leur signature & de leur nom, pour favoriser les desseins d'un Ministre, d'un favori, & quelquefois du moindre des officiers, se pourroit-il trouver rien de plus humiliant pour eux, que cette découverte?

Page 116. Plut à Dieu que tous les Princes, qui sont exposés à la tentation délicate, qui nait du commerce de pareils gens, fussent assez heureux, de faire à la fin, quand même ce seroit avec perte, le même aveu sincère & vrai, que fait la Mére de *François* prémier, *Louise* de Savoye, dans le Journal dressé par elle-même: „ L'an 1522. en Decembre mon fils & moi, par la grace du St. Esprit, commençames à connoître les hypocrites blancs, noirs, gris, enfumés & de toutes couleurs, desquels Dieu par sa clemence & bontés infinies nous veuille préserver & defendre; car si Jesus-Christ n'est menteur, il n'est point de plus dangereuse génération en toute nature humaine. „

Page 147. De là vient, que *Jean Huarts*, Médecin & Philosophe Espagnol, étoit d'avis, qu'on établit dans tous les Etats certains juges, qui, après un mur examen, destinassent chaque génie à l'employ pour lequel il lui trouveroit le plus de talens & de capacité. Car il n'en est aucun, qui ne soit propre preférablement à une sorte de science ou d'occupation, qui sera précisement celle, où il pourra se distinguer & se rendre véritablement utile.

Page 150 & 151. Ce n'est pas assez pour former un grand homme, que de le placer dans un poste élevé; un petit génie n'en paroit que plus petit & plus méprisable. Il en est de lui comme d'une statue, qui à rase-terre auroit parû d'une grandeur médiocre, mais qui placée sur le pignon d'un batiment fort élevé, ne paroit plus que comme un Pigmée.

Cela n'est pas moins vrai encore à l'égard des emplois du second & du troisieme ordre, qu'à l'égard de ceux du pré-

prémier rang. La comparaison que *Socrate* faisoit, tirée de sa Mére qui étoit sage-femme, est parfaitement applicable ici. Quelque habile accoucheuse qu'elle soit, dit-il, elle n'accouchera cependant jamais de femme qui n'ait été enceinte auparavant. Il est tout aussi peu possible de tirer des connoissances & de la capacité d'un homme, dans l'ame de qui la nature n'en a pas placé les prémieres semences.

Page 154. La Reine *Christine* de Suéde, cette femme si grande & si extraordinaire, s'exprime dans sa lettre de condoléance qu'elle écrit à Madame *Grotius* sur la mort de son Epoux, d'une manière qui fait sentir tout à la fois sa reconnoissance & le cas qu'elle faisoit des grands hommes. *Si l'or, & l'argent,* dit-elle, *pouvoit contribuer quelque chose à racheter une si belle vie, il n'y auroit rien en mon pouvoir, que je n'employasse de bon cœur pour cet effet.*

Page 239. Un Ministre qui est persuadé d'avoir la conscience nette, des vues droites, une conduite irréprochable, & d'avoir eu dans l'exercice de son employ toute la précaution & la fidelité nécessaire, entend sans inquiétude la voix de la calomnie, qui s'éléve, pour critiquer ses démarches, en particulier & en public. Les Ministres nocturnes, qui ne paroissent que lorsque le Prince se fait deshabiller pour se mettre au lit, ont entendu parler de cette maxime & s'imaginent d'être dans le cas qu'elle exprime. Ils s'arment d'une autre sorte de tranquilité, qui ne ressemble pas mal à l'impudence, qui leur fait mépriser également les avis qu'on leur donne, les exhortations qu'on leur fait, & le mal qu'on dit d'eux avec raison; le langage qu'ils tiennent est celui de gens désesperés.

Page 253. Il seroit à souhaiter pour eux, d'être preparés pendant quelque tems à donner audience, en voyant la maniére avec laquelle s'y prend le Secrétaire d'Etat en Portugal. Voici ce qu'on en rapporte. La manière dont ce Ministre donne audience en public, a quelque chose de si fatiguant pour lui, qu'il a besoin d'une tête de fer pour y résister. On laisse entrer les personnes un peu favorisées dans deux chambres du Secrétaire d'Etat, qui en sortant de son Cabinet, a la bonté de parler à chacun assez au long. On ouvre en suite la porte qui communique au passage du Palais, dont toutes les avenües sont aussi remplies de monde, que les ruës de la foire St. Germain à Paris le sont dans les beaux jours. Les uns retiennent le Secrétaire d'Etat par son manteau, d'autres par la manche de son habit, ou par sa gran-

grande épée portugaiſe. Il donne à un chacun des réponſes fort gracieuſes. Il prévient même les perſonnes de quelque conſideration, qu'il apperçoit ſur ſon chemin & qui ont à lui parler; il ſait même s'exprimer dans des termes où les aſſiſtans ne peuvent rien comprendre, excepté celui à qui il addreſſe la parole, qui ſachant de quoi il s'agit, en pénétre aiſément le ſens. Le Secrétaire d'Etat ainſi travaillé de tout coté, ſe rend enfin chez le Roi; cette pénible marche dure quelquefois une heure entière, & le vénérable vieillard ne commence à reſpirer, que lorſqu'il arrive à la ſale des Cavaliers qu'on nomme en ce païs des *fidalgos*. C'eſt dans ce lieu que la Nobleſſe, qui a à lui parler, l'attend debout, car il n'y a ni chaiſe, ni tabouret, ni aucune eſpèce de ſiége dans les appartemens du Roi, où perſonne ne peut s'aſſeoir, non pas même le Sécrétaire d'Etat, qui écrit à genoux devant ſon Maître, ce qui eſt bien fatiguant pour un homme de ſon âge.

Page 259. Ce qui fait de plus le bonheur d'un gouvernement, c'eſt que le Souverain s'attache ſes Miniſtres de façon qu'ils ſervent avec plaiſir.

Il eſt déja dur en ſoi-même, de ſervir. La plus part de ſervices ne ſont pas recompenſés dans le monde à proportion de leur valeur. Souvent même il arrive, que ceux qui font l'ouvrage le plus difficile & le plus important, ont le moins d'appointemens, & ont à ſe feliciter de les toucher exactement. Car les recompenſes extraordinaires ſont rarement le partage des gens d'affaires.

Un Prince, qui s'imagine, que ceux qui le ſervent ne ſont au monde que pour lui, & doivent ſe trouver fort heureux d'oſer le ſervir, n'eſt pas digne d'avoir des gens de mérite à ſon ſervice. Car autant qu'il eſt heureux pour un homme qui penſe bien, à ſervir un Maître gracieux, autant un Prince a-t-il raiſon de le reconnoître, & de mettre entre ce Miniſtre & tel autre de moindre mérite aſſez de difference, pour que perſonne ne ſoit tenté de croire, qu'il eſt indifferent qu'on le ſerve fidelement & avec zéle, ou d'une maniére oppoſée.

Page 261. La plus part des hommes ne ſervent que par ambition, par avance, ou par neceſſité.

Un Prince qui feroit en ſorte, qu'on le ſervit autant par affection que par intérêt, ſeroit en état de faire plus avec quelques hommes de mérite, que d'autres avec tous leurs Conſeils.

Si

Si l'on croit dans le train ordinaire de la vie, qu'un homme réussit beaucoup mieux dans l'art que son penchant & génie lui on fait embrasser, qu'il ne feroit dans toute autre vocation, que la crainte de ne pas mourir de faim lui auroit fait suivre, cela n'a pas moins lieu dans le Ministère.

Une bonne pension, des manières gracieuses, quelques petits mots obligeans, de petites douceurs, dont un Prince est à portée de régaler ceux qui le servent, font un grand bien; car on ne travaille qu'avec peine, lorsqu'on est accablé des soucis de la vie, & des mines refrognées n'encourageront jamais.

Cependant cela ne suffit pas encore à des Ministres pleins d'honneur, aimant réellement leur Prince, & attachés de cœur à ses veritables intérêts.

L'on ne sert avec un vrai plaisir, que lorsqu'on voit ses conseils suivis sans répugnance, & non seulement en partie de tems en tems, mais généralement en tout ce que l'on a reconnu être bon & utile.

On ne peut que servir avec joye, lorsque le Prince vous soutient dans les fonctions de votre charge, & ne permet pas, que des gens, qui n'ont rien à y voir, s'y ingérent, vous causent des embarras & vous lassent finalement.

On sert encore avec plaisir, quand le Prince s'applique lui-même aux affaires. Il n'y a que des gens sans probité & paresseux, qui soient charmés que le Prince renonce à toute espèce de soins & aime mieux s'entretenir avec ses chiens & ses chevaux, qu'avec ses Ministres & ses Conseillers. Travailler sous les yeux de son Maître, & être sûr qu'il ne lui importe pas également peu, qu'une chose se fasse ou ne se fasse point, c'est pour un honnête-homme un encouragement aussi fort, que c'en est peut-être un pour un Soldat, de combattre sous les yeux de son Général.

Mais tout cela suppose, qu'un Prince soit en état de juger du vrai mérite & de l'apprécier. C'est une connoissance qui ne s'acquiert pas comme celle des bijoux, ou des ouvrages de la nature & de l'art. Pour bien juger du mérite d'autrui, il faut en avoir soi-même.

Page 266. Il est de plus certain, qu'un homme, qui craint de s'être attiré la disgrace de son Prince, ne fait plus dès ce moment-là son ouvrage qu'à demi, & perd en quelque sorte ses talens naturels; pendant qu'un regard gracieux & la faveur du Maître bien constatée donnent à un homme d'une capacité médiocre des talens angeliques. La confiance, que fait naître chez lui l'idée de celle dont son Prince l'honore, éléve les facultés de son ame & le rend capable de beaucoup. A peu près comme une plante, qui, tirée de l'ombre qui la couvroit, n'est pas plutôt exposée aux rayons du soleil, qu'elle croit rapidement & améne à maturité des fruits qu'elle n'auroit jamais produits sans cela.

Page 270. Qu'il seroit à souhaiter pour l'honneur de ma patrie, que nous puissions faire l'énumeration d'un grand nombre de Souverains, qui pensassent aussi noblement sur l'acquisition & la conservation de leurs Ministres, que le faisoit la Reine *Christine*, écrivant à Monsieur *Sarrau*, Conseiller au Parlement de Paris: „ Vous vous êtes donné à moi; „ je vous dirai que c'est avec joye, que je vous accepte au „ nombre des miens, *& ce sera dorénavant avec votre permission que je me vanterai de cette acquisition.* Je vous „ prie de croire, que j'userai du droit que vous m'avez donné sur vous avec la réserve & la discrétion, que „ je dois avoir pour un homme de votre mérite; & je ne „ vous ferai jamais sentir, combien je vous suis absoluë, „ qu'en commandant de changer la qualité de serviteur en „ celle d'ami. C'est en cette qualité que je vous accepte „ entre les miens, & c'est à ce seul égard que je prétens „ d'exercer le pouvoir que vous m'avez donné. „

Page 302. L'on raconte un trait de Monsieur de *Lionne*, Ministre d'Etat en France, qui montre combien il pensoit noblement sur ce sujet. Monsieur de *Pomponne* devoit être envoyé en Suede; le Ministre le chargea de dresser lui-même ses instructions, & il s'en acquita avec tant d'habileté, que le Roi, qui le croyoit être l'ouvrage du Ministre, lui en fit compliment, en lui disant: que pour le coup il s'étoit surpassé. Monsieur de *Lionne* trop généreux pour profiter de l'erreur du Roi, lui repondit aussitôt, qu'il ne vouloit pas tromper sa Majesté, que les Instructions étoient de la composition de *Pomponne*: „ Bon, dit le Roi, c'est un homme dont nous pourrons nous servir un jour. Je suis charmé que vous me l'ayez fait connoître. „ Aussi cette circonstance ne contribua-t-elle pas peu à faire nommer Monsieur de *Pomponne* Secrétaire d'Etat après son retour de Suede.

Page 332. Il y a une grande difference entre un simple Receveur & un Financier; il ne faut au prémier que de l'ordre & de la fidélité, mais le second doit avoir une connoissance profonde & sistematique de la partie œconomique de l'Etat, pour appliquer convénablement aux cas particuliers

liers qui se présentent dans le païs. Il y a bien peu de Cours en Allemagne, où l'on trouve des sujets, dignes d'être nommés Financiers. Ou ce sont des Gascons, des impudens qui voyent de sang froid le sujet mourir de faim, pourvû que le Prince amasse ou ait de quoi prodiguer; ou ce sont de simples teneurs de compte, satisfaits pourvû que ceux qu'ils dressent soient justes, qu'il rentre autant une année que l'autre, qu'il n'y ait point d'article dans les recettes qui vienne à manquer, & point d'arrérages. L'emploi & la multiplication des productions du païs, l'art d'encourager l'industrie & le travail des sujets, l'habileté à procurer de l'ouvrage à quiconque veut s'occuper, de sorte qu'il n'y ait pas même d'impotens & d'enfans desœuvrés, sont tout autant de mistères pour eux.

Page 362. Un Prince, qui exige, que quelqu'un employe son tems, ses peines & ses forces à son service, sans l'en récompenser, est tout aussi injuste que celui qui achête des marchandises à crédit, sans vouloir les payer. Encore trouveroit-on peu de Marchands qui fassent un crédit aussi considérable, aussi long & aussi généreux, que le bien des courtisans, qui offrent leurs services, pressent même de les accepter, sans avoir aucune certitude d'en être jamais recompensés.

Page 365. Les Grands s'imaginent d'avoir un privilége tout particulier: Les services, qu'on leur rend, ne font sur eux qu'une impression fort lente, mais ils sentent d'autant plus vivement une prétendue injustice ou un sujet de mécontentement, que leur donne celui qui les sert.

Remarques
sur la Traduction de Francfort.

Page 18. *Sujets des Princes* nous ne sommes que trop portés . . . . au lieu qu'il faut dire *nous autres sujets*, suivant que les mots allemands *Wir Unterthanen* l'exigent.

Page 95. La phrase suivante est encore bien plus contraire au sens. Voici comme s'exprime Monsieur de *Moser: Und einige mit grossem Vortheil feil gemacht dem Land incorporirte Rittergüther bezahlet worden.* Le Traducteur de Francfort, page 104, la rend ainsi: *& à payer quelques terres nobles incorporées qu' on a acheté avec profit.* Rien de si aisé

 que

que de voir qu'il a donné à gauche ainsi qu'à la page 273. où il dit *c'est gagner le ciel que de se resoudre à être le Ministre d'un tel Prince*, pour rendre: *An einen solchen Herrn lässt sich Gottes Lohn verdienen, sein Ministre zu seyn.*

Crainte d'ennuyer mon Lecteur, je finirai ces remarques par la page 290. où le Traducteur dit: *il est nécessaire qu'il connoisse l'Allemagne telle qu'elle pouvoit être du tems qu'il suivoit à l'Université un cours de droit public.* Il ne faut que lire le texte allemand, pour voir qu'il signifie tout le contraire; il y a page 302: Er muss Teutschland kennen, wie es ist, und nicht nur, wie es zu der Zeit war, als er etwa ein Collegium über das Staats-Recht auf Universitäten gehöret hat.

Voilà des fautes de sens si lourdes, que je ne me crois pas obligé d'en mettre d'autres sous les yeux du Lecteur, pour lui faire sentir la difference des deux Traductions; celle de Francfort est d'ailleurs remplie de tant de Germanismes, qu'il faudroit plusieurs pages pour les rélever tous.

Errata.

Page 5. lisez un *pan* de muraille au lieu d'un *peu*.
—— 8. lisez à tout *un* Roiaume.
—— 14. ligne 8 lisez *& on le* au lieu de *& le*.
—— 33. lisez *qu'une Reine* au lieu de *qu'un*.
—— 42. lisez je ne *fais* au lieu de *fais*.
—— 56. lisez *des voies* au lieu *de voies*.
—— 98. lisez *le* landemain au lieu de *ce*.
—— 98. lisez qu'on *reprend* au lieu de *repand*.
—— 131. lisez *de feu* au lieu *du feu*.
—— 131. lisez *un bon & un mauvais* au lieu de *& mauvais*.
—— 159. lisez *les matériaux* au lieu *des matériaux*.
—— 173. lisez *de monde* au lieu *du monde*.

www.ingramcontent.com/pod-product-compliance
Ingram Content Group UK Ltd.
Pitfield, Milton Keynes, MK11 3LW, UK
UKHW020549180726
13838UKWH00001B/136